Le français facile

Le français facile

저자 김경숙, 김경희, 김언자, 김현주,
서은영, 선효숙, 조항덕

신아사

김경숙: 청주대학교 교수
김경희: 한양대학교 교수
김언자: 강원대학교 교수
김현주: 단국대학교 연구교수
서은영: 숙명여자대학교 강사
선효숙: 경희대학교 교수
조향덕: 숙명여자대학교 교수

Le français facile

발행일
1판 1쇄 찍음 • 2009년 2월 28일
1판 6쇄 찍음 • 2026년 2월 28일

저 자
김경숙, 김경희, 김언자, 김현주, 서은영, 선효숙, 조향덕

펴낸이
정현걸

발행처
신아사

인 쇄
부건애드

정 가
13,000원

일러스트 : 김현주
사진 : 김경희, 김현주

출판등록 • 1956년 1월 5일 (제9-52호)
서울특별시 은평구 통일로 59길4 (2F)
TEL : 02) 382-6411 • FAX : 02)382-6401
홈페이지 • www.shinasa.co.kr
이메일 • shinasa@daum.net

"본 교재는 한국프랑스어문교육학회 송정희 교수 출판 지원금을 받아 출판되었음"

머리말

프랑스는 유럽의 중심국가로 예술의 나라, 문화의 나라로 알려져 있다. 프랑스의 오랜 역사와 전통이 오늘날의 프랑스 길거리 곳곳에 널려 있고, 프랑스에서는 모든 것들이 고급스럽고 아름답게 느껴진다. 프랑스에는 볼 거리, 먹을 거리가 많으며, 문화 선진국으로서 우리가 배울 점들이 많다. 이러한 프랑스의 문화를 알기 위해서는 그 언어를 알아야 한다.

프랑스인들은 자기들의 언어가 세계에서 가장 아름답다는 자부심을 갖고 있다. 실제로 프랑스어는 매우 아름다운 언어이다. 음성적으로 부드러우며 미세한 의미의 차이를 언어적으로 정확하게 나타낼 수 있다. 국제 회의에서 진행은 영어로 하더라도 문서로 작성할 때에는 그 회의 내용을 영어와 함께 프랑스어를 사용한다. 프랑스어가 정확한 의미를 전달하는데 영어보다 더 수월하기 때문이다.

우리는 여러 가지 목적으로 프랑스어를 배울 수 있다. 프랑스에 여행하거나 유학하기 위해서, 프랑스어로 의사소통하기 위해서, 또는 단순히 프랑스와 프랑스어에 대한 호기심 때문에, 아니면 국제기구에 취직하기 위해서 프랑스어를 배우는 경우도 있을 수 있다.

학생들이 프랑스어를 학습하기 위한 많은 교재들이 있으나 매번 느끼는 것은 마땅한 교재가 부족하다는 것이다. 이에 프랑스에서 언어학을 전공한 6개 대학의 교수들이 모여 우리 학생들에게 유용한 교재를 만들기 위한 연구 모임을 만들었다. 본 교재는 연구 모임의 첫번째 공동작업의 결실로, 우리 학생들이 쉽게 부담없이 배울 수 있고 길거리에서 실제 활용될 수 있는 표현들을 담아 기본적인 대화가 가능하도록 하였다. 본 교재가 프랑스어를 처음 배우기 시작하는 학생들에게 유용하게 사용되기를 바란다.

2009년 2월 저자 일동

Le français facile

C·O·N·T·E·N·T·S

프랑스어 발음

1. 프랑스어 모음

– 프랑스어 모음 사각형

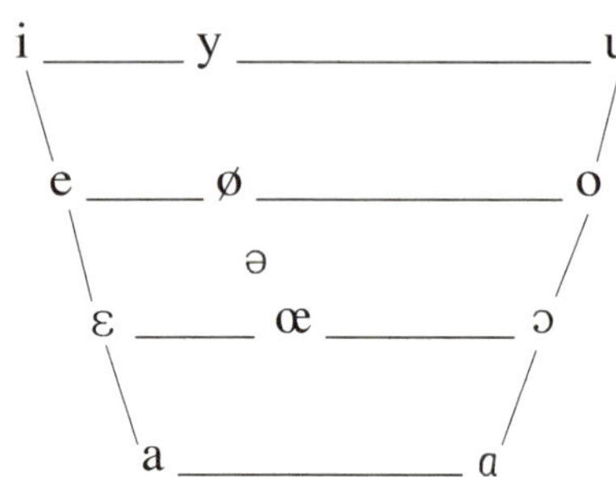

1.1. 구강모음

1) 전모음 : [i], [e], [ɛ], [ɑ].

ex. ici [isi], bébé [bebe], mais [mɛ], là [la]

2) 후모음 : [u], [o], [ɔ], [ɑ].

ex. ou [u], beau [bo], pomme [pɔm], pas [pɑ]

3) 전모음/원순음 : [y], [ø], [œ], [ə].

ex. rue [ʀy], feu [fø], boeuf [bœf], ce [sə]

1.2. 비강모음

1) [œ̃] : un [œ̃], brun [bʀœ̃], parfum [paʀfœ̃].

2) [ɛ̃] : pain [pɛ̃], vin [vɛ̃], saint [sɛ̃].

3) [ɔ̃] : bon [bɔ̃], mont [mɔ̃], long [lɔ̃].

4) [ɑ̃] : banc [bɑ̃], lent [lɑ̃], temps [tɑ̃].

1.3. 묵음

– [ə] : je [ʒə], debout [dəbu], vendredi[vɑ̃dʀədi].

1.4. 반모음(반자음)

1) [j] : pied [pje], lion [ljɔ̃], conseil [kɔ̃sɛj].

2) [ɥ] : nuage [nɥaʒ], continuer [kɔ̃tinɥe], lui [lɥi].

3) [w] : roi [ʀwa], jouet [ʒwe], ouest [west].

2. 프랑스어 자음

– 프랑스어 자음 구조

	양순음	순치음	설단음	치찰음	후치조음	경구개음	연구개음
무성음	p	f	t	s	ʃ		k
유성음	b	v	d	z	ʒ		g
비강음	m		n			ɲ	
R, l					j		

2.1. 폐쇄음

1) [p] / [b] : pierre [pjɛ:ʀ] / bierre [bjɛ:ʀ], pont [pɔ̃] / bon [bɔ̃].

2) [t] / [d] : tout [tu] / doux [du], vite [vit] / vide [vid].

3) [k] / [g] : comme [kɔm] / gomme [gɔm], quai [kɛ] / gai [gɛ].

2.2. 협착음

1) [f] / [v] : fin [fɛ̃] / vin [vɛ̃],
sportif [spɔʀtif] / sportive [spɔʀti:v].

2) [s] / [z] : sel [sɛl] / zèle [zɛl],
poisson [pwasɔ̃] / poison [pwazɔ̃].

3) [ʃ] / [ʒ] : choix [ʃwa] / joie [ʒwa], chou [ʃu] / joue [ʒu].

2.3. 설측음

- [l] : lanterne [lɑ̃tɛʀn], salut [saly], salle [sal].

2.4. 목젖음

- [ʀ] : rose [ʀo:z], arbre [aʀbʀ], heureux [œʀø].

2.5. 비강자음

1) [m] / [n] : mon [mɔ̃] / non [nɔ̃], maître [mɛtʀ] / naître [nɛtʀ].

2) [ɲ] : montagne [mɔ̃taɲ], campagne [kɑ̃paɲ], peigner [pɛɲe].

Le français facile

Le français facile

쉬운 프랑스어

Leçon 01

Je suis étudiant.

être 동사

✲ être 동사 현재변화

Je suis	Nous sommes
Tu es	Vous êtes
Il/Elle/On est	Ils/Elles sont

✲ 용법

1. '이다' 의 의미.

   ① 주어와 형용사를 연결한다.

   Je suis petit.

   Tu es grand.

   Il est gros.

   ② 주어와 명사를 연결한다.

   Nous sommes coréens.

   Vous êtes journalistes.

   Ils sont français.

2. '있다' 의 의미.

   Je suis à Séoul.

   Elle est à Paris.

   Nous sommes en Corée.

   Elles sont en France.

001 Être 동사를 알맞게 변화시키시오.

(1) Vous ____________ coréen ?

(2) Tu _____________ chinois ou japonais ?

(3) Il ____________ médecin.

(4) Ils ____________ à Rome.

(5) Nous _____________ en France.

(6) Paul ____________ français.

(7) Je ________________ coréen.

(8) Elle ______________ journaliste.

002 예문과 같이 질문에 답하시오.

Paul et Marie sont français ?	- Oui, ils sont français.
(1) Tu es coréen ?	- Oui, _________________
(2) Vous êtes japonaise, madame ?	- Oui, _________________
(3) Martine et Anne sont en France ?	- Oui, _________________
(4) Tu es journaliste ?	- Oui, _________________
(5) Pierre est français ?	- Oui, _________________
(6) Paul est à Rome ?	- Oui, _________________

003 Être 동사를 변화시켜 주어진 단어들로 문장을 만드시오.

(1) être - je - à Séoul _________________

(2) français - il - être ? _________________

(3) en France - être - ils _________________

(4) japonais - Kenji - être _________________

(5) en classe - être - nous _________________

(6) être - elle - gentille _________________

Leçon 02

Un homme et une femme

부정관사와 명사

✲ 부정관사

관사는 명사 앞에 쓰이며 명사의 성과 수에 일치한다.

un	une
des	

un garçon	une fille
des garçons	des filles

✲ 명사

(1) 명사는 남성과 여성으로 구분된다.

	남성	여성
자연적 성	un homme	une femme
인위적 성	un stylo	une table

e 로 끝나는 남성형은 그대로 여성형이 된다.
un journaliste
⇨ une journaliste

(2) 일반적으로 남성형에 -e를 첨가하여 여성형을 만든다.

un étudiant ⇨ une étudiante

(3) 일반적으로 단수형에 -s를 첨가하여 복수형을 만든다.

un garçon ⇨ des garçons

une fille ⇨ des filles

(a) 때때로 남성형의 마지막 자음을 중복한 뒤 -e를 첨가한다.
un musicien ⇨ une musicienne

(b) 특수한 여성형을 취하는 경우도 있다.
un chanteur ⇨ une chanteuse
un acteur ⇨ une actrice

001 다음 ____ 안에 알맞은 부정관사를 넣으시오.

(1) ________ chansons
(2) ________ arbres
(3) ______ ami
(4) _______ cousine
(5) ______ garçons
(6) _______ Coréen
(7) ______ étudiante
(8) _______ Coréenne
(9) ______ monsieur
(10) ______ dame

002 보기와 같이 남성명사를 여성명사로 바꾸어 쓰시오.

un ami ⇒ une amie

(1) un étudiant ⇒ ______________
(2) un musicien ⇒ ______________
(3) un chanteur ⇒ ______________
(4) un acteur ⇒ ______________
(5) un Français ⇒ ______________
(6) un Canadien ⇒ ______________

003 보기와 같이 복수로 바꾸어 쓰시오.

un garçon ⇒ des garçons

(1) une fille ⇒ ______________
(2) un fils ⇒ ______________
(3) une jupe ⇒ ______________
(4) un film ⇒ ______________
(5) une étudiante ⇒ ______________
(6) un acteur ⇒ ______________

Leçon 03

Le soleil et la lune

정관사

✲ 형태

le (l')	la (l')
les	

모음이나 무음h로 시작되는 명사 앞에서 le, la는 각각 l'로 축약된다.

~~le ami~~ → l' ami
~~le homme~~ → l' homme
~~la école~~ → l' école
~~la image~~ → l' image

✲ 용법

(1) 명사 앞에 쓰이며, 명사의 성과 수에 일치한다.

le père	la mère
les enfants	

(2) 유일한 것을 표현하는 명사나 한정된 표현에서 사용된다.

le soleil　　la lune　　la tour Eiffel　　les musées de Paris

(3) 국가, 산, 바다, 강 등의 명칭 앞에 사용된다.

la Corée	la France	le Canada
le Japon	les Etats-Unis	la Chine
la Seine	la Méditerranée	le Mont-Blanc

001 보기와 같이 적당한 부정관사(un, une, des)를 넣은 후 정관사(le, la, l', les)로 바꾸어 쓰시오.

une école	l'école

(1) _____ garçon ___ garçon
(2) _____ enfants ___ enfants
(3) _____ homme ___ homme
(4) _____ femme ___ femme
(5) _____ fille ___ fille
(6) _____ ami ___ ami

002 보기와 같이 un, une, des, le, la, les를 알맞게 넣으시오.

un chat	le chat de Pierre

(1) _____ rue _______ rue de Paris
(2) _____ musée _______ musée du Louvre
(3) _____ place _______ place de la Concorde
(4) _____ pont _______ pont Mirabeau
(5) _____ fruits _______ fruits de la saison

003 Le, la, les를 빈칸에 알맞게 넣으시오.

(1) J'adore ________ cinéma.
(2) Mozzarella, c'est ______ fromage d'Italie.
(3) Voilà _______ tour Eiffel.
(4) Paris, c'est ________ capitale de la France.
(5) Aujourd'hui, c'est ________ 14 juillet.
(6) J'aime ____________ vins de France.

Leçon 04

Il est grand. Elle est petite.

형용사 (1)

✲ 위치

형용사는 일반적으로 명사 뒤에 놓인다.

C'est un garçon gentil. C'est une fille gentille.

e 로 끝나는 남성형은 그대로 여성형으로 사용된다.
mince - mince
jaune - jaune

✲ 남성형과 여성형

(1) 일반적으로 남성형에 –e를 첨가하여 여성형을 만든다.

Il est grand. ⇨ Elle est grande.
Il est petit. ⇨ Elle est petite.
Il est joli. ⇨ Elle est jolie.

(2) 때때로 남성형의 마지막 자음을 중복한 뒤 –e를 첨가하여 여성형을 만든다.

gros - grosse
coréen - coréenne

(3) 특수한 여성형을 취하는 경우도 있다.

sportif - sportive
sérieux - sérieuse

다음 형용사의 위치와 형태에 주의하세요!

un beau jardin	– un bel arbre	– une belle ville
un vieux monsieur	– un vieil homme	– une vieille dame

001 예문과 같이 형용사를 여성형으로 바꾸어 문장을 만드시오.

Il est grand. ⇨ Elle est grande.

(1) Il est petit. ⇨ ____________________

(2) Il est gros. ⇨ ____________________

(3) Il est bon. ⇨ ____________________

(4) Il est coréen. ⇨ ____________________

(5) Il est sportif. ⇨ ____________________

002 예문과 같이 형용사를 남성형으로 바꾸어 문장을 만드시오.

C'est une fille gentille. ⇨ C'est un garçon gentil.

(1) C'est une fille mince. ⇨ ____________________

(2) C'est une fille charmante. ⇨ ____________________

(3) C'est une fille sérieuse. ⇨ ____________________

(4) C'est une fille grosse. ⇨ ____________________

(5) C'est une fille sportive. ⇨ ____________________

003 예문과 같이 알맞은 형용사를 넣으시오.

beau ⇨ C'est une belle fille.

(1) vieux ⇨ C'est un __________ homme.

(2) vieux ⇨ C'est une __________ maison.

(3) beau ⇨ C'est un __________ arbre.

(4) beau ⇨ C'est un __________ jardin.

(5) vieux ⇨ C'est une __________ dame.

Leçon 05

Ils sont grands.
Elles sont petites.

형용사 (2)

✲ 단수형과 복수형

(1) 일반적으로 단수형에 -s를 첨가하여 복수형을 만든다.

Il est grand.	⇒	Ils sont grands.
Elle est gentille.	⇒	Elles sont gentilles.

(2) -s나 -x로 끝나는 단수형은 복수형에서 변하지 않는다.

Il est français.	⇒	Ils sont français.
Il est vieux.	⇒	Ils sont vieux.

(a) -al로 끝나는 단수형은 복수형에서 -aux로 변한다.

Il est original.	⇒	Ils sont originaux.
예외) banal	⇒	banals
fatal	⇒	fatals

(b) -eau로 끝나는 단수형은 복수형에서 -eaux로 변한다.

Il est beau.	⇒	Ils sont beaux.

001 예문과 같이 형용사를 여성형으로 바꾸어 문장을 만드시오.

Il est petit. ⇒ Elle est petite.

(1) Il est coréen. ⇒ ____________________

(2) Il est gros. ⇒ ____________________

(3) Il est sérieux. ⇒ ____________________

002 예문과 같이 알맞은 형용사를 쓰시오.

Le jardin est beau.
La maison est belle.

(1) Il est vieux.
Elle est ______________________________

(2) Il est grand.
Elle est ______________________________

003 예문과 같이 다음 문장을 완성하시오.

Paul et Pierre sont français. Et Marie et Sophie ?
Elles sont aussi françaises !

(1) Les garçons sont intelligents. Et les filles ?

____

(2) Les Coréens sont gentils. Et les Coréennes ?

____

(3) Les hommes sont grands. Et les femmes ?

____

Leçon 06

Il est médecin ?
Non, il n'est pas médecin.

의문문과 부정문

✲ 의문문

(1) 평서문 억양을 올려서 만든다.

Il est étudiant. ⇨ Il est étudiant ?

Elle est belle. ⇨ Elle est belle ?

(2) Est-ce que + 평서문 ?

Vous êtes allemand. ⇨ Est-ce que vous êtes allemand ?

Ils sont gentils. ⇨ Est-ce qu'ils sont gentils ?

(3) 도치형

① 단순형 : 주어와 동사의 위치를 바꾼다.

Il est professeur. ⇨ Est-il professeur ?

C'est un livre. ⇨ Est-ce un livre ?

② 복합형 : 주어가 명사일 때, 동사 뒤에 주어를 받는 인칭대명사를 첨가하여 만든다.

Paul est médecin. ⇨ Paul est-il médecin ?

La maison est grande. ⇨ La maison est-elle grande ?

✲ 부정문

(1) 동사의 앞에 'ne', 동사의 뒤에 'pas'를 붙여서 만든다.

ne + 동사 + pas

Ils sont gentils ? ⇨ Non, ils ne sont pas gentils.

Tu aimes le football ? ⇨ Non, je n'aime pas le football.

(2) 부정의문문에 대한 긍정의 대답은 Si로 쓴다.

Vous n'êtes pas coréenne ? - Si, je suis coréenne.

Tu n'aimes pas le football ? - Si, j'aime le football.

001 예문과 같이 의문문으로 바꾸시오.

Tu es coréen. ⇨ Est-ce que tu es coréen ?

(1) Sophie est en France. ⇨ ______________________
(2) Elle est grande. ⇨ ______________________
(3) Vous êtes française. ⇨ ______________________
(4) Ils sont gentils. ⇨ ______________________
(5) Paul est à Rome. ⇨ ______________________

002 예문과 같이 질문을 만드시오.

Est-il grand ? ⇨ Oui, il est grand.

(1) ______________________ ⇨ Oui, je suis japonaise.
(2) ______________________ ⇨ Non, elle n'est pas gentille.
(3) ______________________ ⇨ Oui, elles sont à l'école.
(4) ______________________ ⇨ Non, nous ne sommes pas français.
(5) ______________________ ⇨ Oui, il est chinois.
(6) ______________________ ⇨ Si, ils sont français.

003 예문을 읽고 상황에 맞게 대답하시오.

Les étudiants sont à l'école. Pierre et Jean sont grands.
Marie est petite. Ils sont français.

(1) Est-ce que les étudiants sont à la maison ? ⇨ ______________________
(2) Est-ce que Marie est grande ? ⇨ ______________________
(3) Est-ce que Pierre est petit ? ⇨ ______________________
(4) Est-ce que Jean est grand ? ⇨ ______________________
(5) Est-ce que les étudiants sont coréens ? ⇨ ______________________

Leçon 07

Je parle français.

1군 동사

✻ 1군 동사는 어미가 '-er' 로 끝난다.

parler	
Je parle	Nous parlons
Tu parles	Vous parlez
Il/Elle parle	Ils/Elles parlent

aimer	
J'aime	Nous aimons
Tu aimes	Vous aimez
Il/Elle aime	Ils/Elles aiment

(1) 어미 e, es, e, ent는 발음하지 않는다.

Je chante.

Tu chantes.

Il/Elle chante.

Ils/Elles chantent.

(2) 'je' 는 모음이나 무음 h 앞에서 'j' 로 축약된다.

~~je habite~~ ⇒ J'habite à Paris.

~~je aime~~ ⇒ J'aime beaucoup la danse.

ouvrir형 동사 : 어미는 1군 규칙동사처럼 변화한다.
couvrir, découvrir, offrir...

J' ouvre
Tu ouvres
Il/Elle ouvre
Nous ouvrons
Vous ouvrez
Ils/Elles ouvrent

001 예문과 같이 주어진 동사를 알맞은 형으로 써넣으시오.

Tu (parler) parles français ?

(1) Nous (écouter) ______________ la radio.

(2) Vous (étudier) ______________ le français ?

(3) Jean (adorer) ______________ le football.

(4) M. et Mme Kim (regarder) ______________ la télé.

(5) Je (travailler) ______________ dans une boulangerie.

002 예문과 같이 질문에 답하시오.

Vous aimez Brahms ? ⇒ Oui, j'aime Brahms.

(1) Tu parles français ?

- Oui, ____________________.

(2) Vous habitez à Séoul ?

- Non, ____________________.

(3) Céline Dion chante bien ?

- Oui, ____________________.

(4) Est-ce que Manon et Paul travaillent ici ?

- Non, ____________________.

003 동사 présenter, être, aimer, étudier, parler를 사용하여 다음 글을 완성하시오.

Bonjour ! Je te __________________ une amie anglaise. Elle ______________ étudiante à la Sorbonne. Elle ____________ la littérature française. Elle ________________ deux langues : le français et l'anglais. Elle ___________________ beaucoup les animaux.

Leçon 08

Elle achète un livre.

1군 동사의 변칙 (1)

✲ acheter, appeler 형의 동사 변화

(1) acheter 형 : Elle achète un pantalon.

J'achète	Nous achetons
Tu achètes	Vous achetez
Il/Elle achète	Ils/Elles achètent

On은 삼인칭 단수 주어로 일반적인 '사람들' 이나 '우리들' 을 지칭하는 일상적 표현.

- Pierre et moi, nous sommes français.
- On (=nous) est de Paris.
- En France, on (=tout le monde) aime le vin.

(2) appeler 형 : J'appelle un taxi.

J'appelle	Nous appelons
Tu appelles	Vous appelez
Il/Elle appelle	Ils/Elles appellent

✲ préférer, jeter 형의 동사 변화

(a) préférer 형 : répéter, espérer

Je préfère	Nous préférons
Tu préfères	Vous préférez
Il/Elle préfère	Ils/Elles préfèrent

(b) jeter 형 : projeter, rejeter

Je jette	Nous jetons
Tu jettes	Vous jetez
Il/Elle jette	Ils/Elles jettent

001 Mener 동사를 인칭에 알맞게 변화시키시오.

(1) Je __________ (4) Nous __________

(2) Tu __________ (5) Vous __________

(3) Il/Elle/On __________ (6) Ils/Elles __________

002 Espérer 동사를 인칭에 알맞게 변화시키시오.

(1) Je __________ (4) Nous __________

(2) Tu __________ (5) Vous __________

(3) Il/Elle/On __________ (6) Ils/Elles __________

003 주어진 동사를 인칭에 알맞게 변화시키시오.

(1) Il (appeler) __________ un taxi.

(2) Il (promener)__________ mon chien.

(3) Est-ce que tu (acheter)__________ cette robe ?

(4) Tu (lever)__________ le bras.

004 질문에 대한 대답을 완성하시오.

(1) Est-ce que vous préférez cette robe ?

- Non, je ....

(2) Est-ce que les enfants jettent les papiers ?

- Non, ils ....

(3) Est-ce que tu appelles le médecin ?

- Oui, je ....

(4) Est-ce que les enfants préfèrent le foot ?

- Oui, ils ....

Leçon 09

Nous mangeons beaucoup.

1군 동사의 변칙 (2)

✲ manger, commencer, envoyer 형의 동사 변화

(1) −ger 형 : Nous mangeons beaucoup.

Je mange	Nous mangeons
Tu manges	Vous mangez
Il/Elle mange	Ils/Elles mangent

(2) −cer 형 : Nous commençons la leçon 9.

Je commence	Nous commençons
Tu commences	Vous commencez
Il/Elle commence	Ils/Eelles commencent

(3) −oyer 형 : J'envoie un mél(e-mail) à une amie.

J'envoie	Nous envoyons
Tu envoies	Vous envoyez
Il/Elle envoie	Ils/Elles envoient

✲ --ayer 형 : Tu paies le dîner. / Tu payes le dîner.

Je paie/paye	Nous payons
Tu paies/payes	Vous payez
Il/Elle paie/paye	Ils/Elles paient/payent

001 Nettoyer 동사를 알맞게 변화시키시오.

(1) Je ___________ (4) Nous ___________

(2) Tu ___________ (5) Vous ___________

(3) Il ___________ (6) Ils ___________

002 Voyager 동사를 알맞게 변화시키시오.

(1) Je ___________ (4) Nous ___________

(2) Tu ___________ (5) Vous ___________

(3) Il ___________ (6) Ils ___________

003 주어진 동사를 알맞게 변화시키시오.

(1) Les filles (essuyer) _____________ les assiettes.

(2) Nous (manger) _____________ dans un restaurant.

(3) Marie (payer) _____________ la taxe.

(4) Nous (avancer) _____________ lentement.

004 질문에 대한 대답을 완성시키시오.

(1) Est-ce que vous commencez la leçon 9 ?

- Oui, nous ________________________________

(2) Est-ce que tu paies l'addition ?

- Oui, je ____________________________________

(3) Est-ce que les dames essaient ces robes ?

- Non, ils ________________________________

(4) Est-ce que Sophie envoie une lettre ?

- Oui, elle ________________________________

Leçon 10

Mon père, ma mère... mes parents.

소유 형용사

✻ 형태

	남성단수	여성단수	남, 여성 복수
Je	mon	ma	mes
Tu	ton	ta	tes
Il/Elle	son	sa	ses
Nous	notre	notre	nos
Vous	votre	votre	vos
Ils/Elles	leur	leur	leurs

모음으로 시작하는 명사 앞에서는 연음된다.
mon‿ami
mon‿enfant
mes‿amis
mes‿enfants

✻ 용법

(1) 소유형용사는 소유 대상이 되는 명사의 성과 수에 따라 변한다.

mon père	ma mère	mes parents

Je reste chez mes parents.

Elle aime son chien.

Ils cherchent leur enfant.

(2) 소유대상이 여성단수라도 모음이나 무음 h로 시작되는 여성명사 앞에서는 모음 충돌을 피하기 위하여 남성형을 사용한다.

~~ma amie~~ ⇒ mon amie ~~ta histoire~~ ⇒ ton histoire

001 예문과 같이 소유형용사를 써넣으시오.

J'aime ma maison.

(1) J'habite avec __________ parents.
(2) Ils aiment __________ mère.
(3) Elles rencontrent __________ amis.
(4) Marie aime beaucoup __________ école.

002 예문과 같이 소유형용사를 써넣으시오.

J'ai une idée. ⇨ C'est mon idée.

(1) J'ai une voiture, c'est __________ voiture.
(2) Tu as un sac, c'est __________ sac.
(3) Il a un chien, c'est __________ chien.
(4) Elle a une maison, c'est __________ maison.

003 예문과 같이 son, sa, ses 중 알맞은 소유형용사를 사용하여 고치시오.

le père de Paul ⇨ son père

(1) la mère de Paul ⇨ ______________________
(2) le chien de Marie ⇨ ______________________
(3) l'amie de Pierre ⇨ ______________________
(4) le livre de l'étudiante ⇨ ______________________
(5) les parents de Sophie ⇨ ______________________

Leçon 11

Ce gâteau est bon !

지시 형용사

✲ 형태

ce (cet)	cette
ces	

✲ 용법

(1) 명사 앞에 쓰이며 지시 또는 한정하는 역할을 한다.

ce livre — ces livres

cette table — ces tables

(2) 모음이나 무음의 h로 시작되는 남성단수 명사 앞에서는 cet로 쓴다.

cet ami — ces amis

cet hôtel — ces hôtels

✲ 복합형 (-ci, -la) :

① -ci : 시간이나 공간적으로 더 가까운 것을 의미한다.

② -là : 시간이나 공간적으로 더 먼 것을 지칭한다.

- Cette fille-ci est petite, cette fille-là est grande.
- Il fait beau ces jours-ci.
- Cette nuit-là, j'étais malade.

001 보기와 같이 지시형용사를 써넣으시오.

maisons ⇒ ces maisons

(1) ____________ femme

(2) ____________ arbres

(3) ____________ garçons

(4) ____________ homme

(5) ____________ livre

(6) ____________ hôtel

002 예문과 같이 지시형용사를 써넣으시오.

Je rencontre une fille. Cette fille est très belle.

(1) Elle appelle un garçon. ________ garçon est japonais.

(2) Tu achètes une robe. ________ robe est chère.

(3) Nous mangeons des pains. _________ pains sont délicieux.

(4) Vous regardez un arbre. __________ arbre est grand.

(5) Il envoie des colis. __________ colis sont lourds.

(6) Je cherche un dictionnaire. ___________ dictionnaire est très utile.

003 ___ 안에 알맞은 지시형용사를 써넣으시오.

Nous regardons deux filles : ___________ fille-ci est blonde et ___________ fille-là est brune. Tout le monde aime ___________ filles.

Leçon 12

Quel est votre nom ?

의문형용사

✽ 형태:

	단수	복수
남성	quel	quels
여성	quelle	quelles

✽ 용법

(1) 의문을 나타내며 '어떤, 무슨, 몇몇' 의 뜻으로 쓰인다.

Quel temps fait-il ?

A quelle heure partez-vous ?

En quel mois sommes-nous ?

(2) Être 동사와 함께 속사로 쓰여서 '무엇' 의 뜻으로 쓰인다.

Quel est votre nom ?

Quelle est votre profession ?

Quels sont ces livres ?

(3) 감탄형용사로 사용된다.

Quel malheur !

Quelle belle femme !

Quelle bonne idée !

Quel beau temps !

001 예문과 같이 ____ 안에 알맞은 의문형용사를 넣으시오.

Quelle heure est-il ?

(1) ______________ est votre nom ?
(2) ______________ temps fait-il ?
(3) ______________ est votre profession ?
(4) ______________ sont ces cahiers ?
(5) ______________ couleur aimez-vous ?
(6) ______________ sont les nouvelles ?

002 대답을 보고 예문과 같이 의문형용사를 사용하여 질문을 만드시오.

Quel livre achètes-tu ? ⇒ J'achète un livre français.

(1) ______________________ ⇒ Elle est professeur.
(2) ______________________ ⇒ J'aime la couleur rouge.
(3) ______________________ ⇒ Nous aimons la musique classique.
(4) ______________________ ⇒ Il chante une chanson américaine.
(5) ______________________ ⇒ Son nom est Kim.
(6) ______________________ ⇒ Elle aime les romans policiers.

003 예문과 같이 의문형용사를 넣으시오.

Cette femme est très belle. ⇒ Quelle belle femme !

(1) Paul est très beau. ⇒ ______________ beau garçon !
(2) Il est mort. ⇒ ______________ malheur !
(3) Il neige trop. ⇒ ______________ mauvais temps !
(4) Il est amoureux de la fiancée de son ami. ⇒ ________ scandale !

Leçon 13

Tu as une voiture ?
Non, je n'ai pas de voiture.

avoir 동사와 부정문

✲ 현재변화

J'ai	Nous avons
Tu as	Vous avez
Il/Elle/On a	Ils/Elles ont

J'ai vingt ans.

Tu as froid.

Elle a un chien.

Nous avons faim.

Vous avez sommeil.

Ils ont une maison.

✲ 부정형 :

Je n'ai pas	Nous n'avons pas
Tu n'as pas	Vous n'avez pas
Il/Elle/On n'a pas	Ils/Elles n'ont pas

① 부정문에서 부정관사 un, une, des는 부정의 de로 바뀐다.

Paul a une voiture ? - Non, il n'a pas de voiture.

Vous avez des enfants ? - Non, je n'ai pas d'enfants.

② 정관사의 경우는 변하지 않는다.

Tu as la clé de la maison ? - Non, je n'ai pas la clé.

001 예문과 같이 avoir 동사를 변화시키시오.

Nous avons une maison à la campagne.

(1) Marie __________ sommeil.

(2) M. et Mme Kim ____________ deux enfants.

(3) Tu __________ une idée ?

(4) Quel âge _______________ -vous ?

(5) Je ______________ chaud.

002 예문과 같이 질문에 대답하시오.

Vous avez faim ? ⇒ Oui, j'ai faim.

(1) Tu as une moto ?

- Oui, ____________________________

(2) Vos enfants ont soif ?

- Oui, ____________________________

(3) Vous avez un plan de Paris ?

- Non, ____________________________

(4) Tu as le mél de Marie ?

- Non, ____________________________

003 예문과 같이 질문을 만드시오.

Tu as une idée ? ⇒ Oui, j'ai une idée.

(1) ________________________ ? - Oui, elle a une voiture.

(2) ________________________ ? - Non, il n'a pas de chien.

(3) ________________________ ? - Non, nous n'avons pas de cours.

(4) ________________________ ? - Si, nous avons une voiture.

Leçon 14

J'habite à Paris en France.

장소의 전치사와 축약관사 (1)

✲ À

(1) '....에' 라는 위치를 나타낸다.

J'habite à Paris.

Mes parents sont à Séoul.

(2) au ~~(à+le)~~, aux ~~(à+les)~~

① Je mange au restaurant.

② Elle habite aux Etats-Unis.

③ Nous sommes à l'université.

④ Je travaille à la banque.

모음으로 시작하는 명사 앞에서
à ~~+ le/la~~ ⇒ à l'

✲ De

(1) '....로 부터' 라는 출신, 근원을 의미한다.

Je suis de Berlin.

Il est de Lyon.

(2) du ~~(de+le)~~, des ~~(de+les)~~

① Tokyo est la capitale du Japon.

② C'est le drapeau des Etats-Unis.

③ Quel est le nom de l'école ?

④ C'est la carte de la France.

모음으로 시작하는 명사 앞에서
de ~~+ le/la~~ ⇒ de l'

✲ 국가명 앞에 en, au, ax

① en +여성명사 국가 : la France, la Corée.
- J' habite en France
- Nous sommes en Corée.

② au (à+le) +남성명사 국가 : le Japon, le Mexique
- Elle habite au Japon.

③ aux (à+les) +복수형 국가 : les Etats-Unis
- Ils habitent aux Etats-Unis.

001 알맞은 전치사를 사용하여 문장을 완성하시오.

(1) Je voyage __________ Rome.

(2) Ils habitent __________ Marseille, ____________ France.

(3) La statue de la Liberté est _______ New York, _______ Etats-Unis.

(4) Je suis ____________ piscine et il est ____________ cinéma.

(5) Nous sommes _________ aéroport et vous êtes __________ hôtel.

(6) Elle travaille ____________ poste.

(7) Mon cousin habite _________ Tokyo ____________ Japon.

002 다음 대화를 완성하시오.

(1) Vous êtes __________ quel pays ?

- Je suis __________ Corée.

(2) Où habitez-vous ?

- J'habite __________ Daejeon.

(3) Où êtes-vous ?

- Nous sommes __________ la bibliothèque.

(4) Où habitent tes parents ?

- Ils habitent __________ Toronto ___________ Canada.

003 두 사람의 대화문입니다. ___ 안에 à, de 중에서 알맞은 전치사를 넣으시오.

Paul : Vous êtes _________ quelle ville ?

Michel : Moi, je suis de Lyon. Actuellement je suis ________ Paris.

Paul : Ton amie est aussi _________ Lyon ?

Michel : Non, elle n'est pas _________ Lyon. Elle est ________ Tours. Et vous, vous êtes _________ Strasbourg ?

Paul : Oui, je suis _________ Strasbourg.

Leçon 15

Nous sommes dans la salle de classe.

위치 · 장소의 전치사 (2)

✲ 방향, 거리를 나타내는 전치사

(1) près de, loin de, chez

① près de : '....에 가까이'

Cannes est près de Nice.

② loin de : '....에서 멀리'

Marseille est loin de Paris.

③ chez +사람 : '... 집에'

Je suis chez Paul.

Jacques reste chez son amie.

(2) 위치 : dans, sur, sous, devant, derrière

① dans : '... 안에'

Nous sommes dans la salle de classe.

② sur : '... 위에'

Le vase est sur la table.

③ sous : '... 아래에'

Les bateaux passent sous le pont.

④ devant : '... 앞에'

Le magasin est devant le cinéma.

⑤ derrière : '... 뒤에'

L'acteur est derrière la caméra.

001 알맞은 전치사로 문장을 완성하시오.

(1) La télévision est __________ le salon.

(2) La clé de la voiture est _________ le sac.

(3) On marche __________ le pont.

(4) Elles sont __________ un parasol.

(5) Je monte ___________ un bus.

(6) Paris est loin de Séoul, mais Tokyo est ___________ Séoul.

(7) Elle va __________ le médecin.

002 주어진 3개의 단어와 알맞은 전치사(dans, sur, sous, devant, derrière)를 사용하여 예문과 같이 문장을 완성하시오.

> cigarettes/paquet/bureau
> ① Les cigarettes sont dans le paquet.
> ② Le paquet est sur le bureau.

(1) clés/sac/table

① ________________________________

② ________________________________

(2) crayon/chaise/table

① ________________________________

② ________________________________

(3) jardin/maison/jardin

① ________________________________

② ________________________________

(4) clients/guichet/porte

① ________________________________

② ________________________________

(5) bateau/rivière/pont

① ________________________________

② ________________________________

Leçon 16

Moi, je suis chez moi.

강세형 인칭대명사

✻ 형태:

	단수	복수
1인칭	moi	nous
2인칭	toi	vous
3인칭	lui/elle	eux/elles

✻ 용법

(1) C'est 다음에 사용된다.

C'est toi ?

- Oui, c'est moi.

(2) 전치사 다음에 쓰인다.

Je travaille avec toi.

Ils travaillent pour eux.

Je rentre chez moi.

Nous parlons d'elle.

(3) 주어를 강조할 때 쓰인다.

Moi, je suis chez moi.

Et toi, tu es à la fac?

être à는 소유의 의미를 나타낸다.

Ce livre est à toi ? - Oui, il est à moi.

Cette voiture est à Marie? - Oui, elle est à elle.

001 예문과 같이 강세형 대명사를 사용하여 대답하시오.

C'est ta mère, sur la photo ? ⇨ Oui, c'est elle.

(1) C'est toi, à la télévision ? ⇨ ____________

(2) C'est Pierre, dans le journal ? ⇨ ____________

(3) C'est vous, sur cette photo ? ⇨ ____________

(4) C'est Sophie Marceau, dans ce film ? ⇨ ____________

002 예문과 같이 강세형 대명사를 사용하여 문장을 만드시오.

Moi, je suis célibataire.

(1) ____________ est coréen.

(2) ____________ est française.

(3) ____________ sommes fatigués.

(4) ____________ sont gentils.

(5) ____________ sont belles !

003 예문과 같이 전치사 다음에 강세형 대명사를 사용하여 문장을 다시 쓰시오

Je dîne avec Nadia. ⇨ Je dîne avec elle.

(1) Vous habitez chez vos parents. ⇨ ____________

(2) Il travaille avec Monsieur Wang. ⇨ ____________

(3) Elle reste chez Pierre. ⇨ ____________

(4) Il parle de ses sœurs. ⇨ ____________

Leçon 17

Qui est-ce ?

의문대명사 (1)

✲ Qui est-ce ? / Qu' est-ce que c' est ?

사람	Qui est-ce ?
사물	Qu'est-ce que c'est ?

(1) Qui est-ce ? / C'est qui ?

- C'est Paul.
- C'est le professeur de Jean.
- Ce sont les amis de Pascal.

(2) Qu'est-ce que c'est ?

- C'est un cadeau pour toi.
- Ce sont des gants.

✲ C'est ... / Ce sont ...

(1) C'est un livre français.

Paris, c'est beau.

C'est très bien.

(2) Ce sont des livres.

001 C'est 또는 ce sont을 넣으시오.

1) C'est Marie. _____ un chanteur. _____ un avion.
2) _____ Paul. _____ des cartes. _____ des cadeaux.
3) _____ des amis. _____ une étudiante. _____ une fille.
4) _____ un livre. _____ des disques. _____ une actrice.

002 예문과 같이 질문에 대답하시오.

Est-ce que c'est Jacques ? ⇒ Oui, c'est Jacques.

1) Est-ce que c'est un cahier ?
   - Oui, ________________________________
2) Est-ce que ce sont des Français ?
   - Oui, ________________________________
3) Est-ce que c'est une cravate ?
   - Non, ________________________________
4) Est-ce que ce sont des jouets ?
   - Non, ________________________________
5) Est-ce que ce sont des Japonais ?
   - Non, ________________________________

003 C'est, ce n'est pas, ce ne sont pas를 사용하여 문장을 만드시오.

une rose / une tulipe ⇒ Ce n'est pas une rose. C'est une tulipe.

(1) un cahier / un livre ____________________
(2) une plume / un stylo ____________________
(3) une carte postale / une lettre ____________________
(4) des motos / des vélos ____________________

Leçon 18

Qui aimes-tu ?

의문대명사 (2)

✻ Qui / Que

	주어	목적어
사람	qui	qui
	qui est-ce qui	qui est-ce que
사물		que
	qu'est-ce qui	qu'est-ce que

Qui parle ? = Qui est-ce qui parle ?

Qui aimes-tu ? = Qui est-ce que tu aimes ?

Qu'est-ce qui se passe ?

Que cherchez-vous ? = Qu'est-ce que vous cherchez ?

✻ Il y a

Qu'est-ce qu'il y a dans ton sac ?

- Il y a des clés dans mon sac.

부정형:
il n' y a pas de ...
- Dans la classe, il y a des étudiants, mais il n' y a pas de professeur.

Il y a une pharmacie près d'ici.

Il y a un sac sur la table

001 C'est 또는 il y a로 문장을 완성하시오.

(1) ________________ beaucoup de monuments historiques à Paris.

(2) ________________ la tour Eiffel.

(3) Séoul, __________________ la capitale de la Corée du Sud.

(4) _________________ un grand magasin devant chez moi.

(5) Molière, ________________ un grand écrivain français du XVIIe siècle.

002 C'est, ce n'est pas, il y a, il n'y a pas를 사용하여 문장을 완성하시오.

(1) C'est qui ?

– ________________ Cathy.

(2) Il y a un problème ?

– Non, ________________ de problème.

(3) C'est facile ?

– Non, ___________________ facile.

(4) Il y a un match de foot ?

– Oui, ce soir, ____________ un match de foot.

(5) Qu'est-ce que c'est ?

– ________________ un nouvel ordinateur.

(6) Quelle est son adresse ?

– ________________ 16, rue de la Glacière.

003 C'est, ce sont, il est를 사용하여 완성하시오.

(1) __________________ une grande chance pour nous.

(2) __________________ tôt de manger.

(3) __________________ mon crayon.

(4) __________________ mes enfants.

Leçon 19

Un, deux, trois...

숫자

✻ 기수 : 숫자 표시

0 zéro			
1 un	11 onze	21 vingt et un	61 soixante et un
2 deux	12 douze	22 vingt-deux	70 soixante-dix
3 trois	13 treize	30 trente	71 soixante et onze
4 quatre	14 quatorze	31 trente et un	72 soixante-douze
5 cinq	15 quinze	32 trente-deux	80 quatre-vingts
6 six	16 seize	40 quarante	81 quatre-vingt-un
7 sept	17 dix-sept	41 quarante et un	82 quatre-vingt-deux
8 huit	18 dix-huit	50 cinquante	90 quatre-vingt-dix
9 neuf	19 dix-neuf	51 cinquante et un	91 quatre-vingt-onze
10 dix	20 vingt	60 soixante	100 cent

• vingt과 cent은 복수표현에서 -s를 붙인다.
quatre-vingts (80)
deux cents (200)
cinq cents (500)
• 그러나 vingt과 cent 다음에 숫자가 오면 -s를 쓰지 않는다.
quatre-vingt-un (81)
deux cent dix (210)
cinq cent un (501)

200 deux cents — 201 deux cent un

1000 mille — 10 000 dix mille

1000 000 un million — 1 000 000 000 un milliard

✻ 서수 : 순서 또는 서열 표시

premier(ère), deuxième(second(e)), troisième, vingt-et-unième, dernier(ère)

Aujourd'hui, c'est le premier juin.

C'est pour la première fois.

001 숫자를 프랑스어로 쓰시오.

(1) 8 ____________ (2) 13 ____________
(3) 17 ____________ (4) 21 ____________
(5) 55 ____________ (6) 73 ____________
(7) 80 ____________ (8) 81 ____________
(9) 93 ____________ (10) 101 ____________

002 다음 표기를 프랑스어로 쓰시오.

(1) 010-6248-3884 ____________
(2) 01-45-77-32-97 ____________
(3) 02-785-2109 ____________
(4) 1988년 ____________
(5) 06-23-35-54-41 ____________

003 다음을 서수로 나타내시오.

(1) 첫 번째 ____________ (2) 다섯 번째 ____________
(3) 열 번째 ____________ (4) 서른 한 번째 ____________
(5) 백 번째 ____________

Leçon 20

Vous avez l'heure ?

시간표현

* Quelle heure est-il ? - Il est une heure vingt.
  Il est quelle heure ? - Il est six heures.
  Vous avez l'heure ? - Il est trois heures et demie.

시간을 나타낼 때는 비인칭 대명사 'il' 을 사용한다.
• Il est tôt.
• Il est tard.

douze heures	12h	midi
zéro heure	0h	minuit
neuf heures quinze	9h 15	neuf heures et quart
dix heures trente	10h 30	dix heures et demie
dix heures cinquante	10h 50	onze heures moins dix
onze heures quarante-cinq	11h 45	midi moins le quart
dix-sept heures cinq	17h 05	cinq heures cinq (de l'après-midi)

* J'ai rendez-vous à trois heures.
  Ce cours termine à onze heures moins dix.

오전, 오후를 구분할 때, du matin, de l'après-midi, du soir를 사용.

Il est neuf heures du matin.
Il est cinq heures de l'après-midi.
Il est huit heures du soir.

001 예문과 같이 시간을 프랑스어로 표현하시오.

8h 00 - Il est huit heures.

(1) 9h 18 - ______________________

(2) 10h 23 - ______________________

(3) 15h 49 - ______________________

(4) 12h 10 - ______________________

002 질문에 대답하시오.

(1) Vous avez l'heure ? (8h 15)

____

(2) Vous avez rendez-vous à quelle heure ? (9h 30)

____

(3) A quelle heure termine le cours ? (5h 50)

____

(4) Vous mangez à quelle heure ? (12h)

____

003 시계를 보고 시간을 말하시오.

(1) 

(2) 

(3) 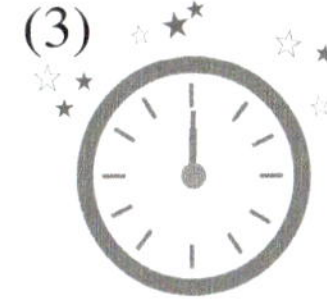

(4) 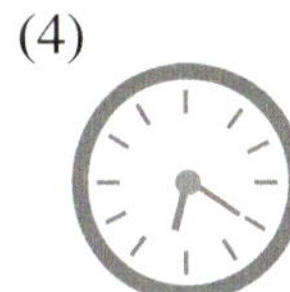

(1) ______________________

(2) ______________________

(3) ______________________

(4) ______________________

Leçon 21

Quel jour sommes-nous aujourd'hui ?

날짜, 요일, 달

✻ 날짜

On est le combien, aujourd'hui ?

- Aujourd'hui, on est le 6 avril.

(= Aujourd'hui, nous sommes le 6 avril).

- Aujourd'hui, c'est le 6 avril

On est le premier (le 1er) avril.

✻ 요일

lundi, mardi, mercredi, jeudi, vendredi, samedi, dimanche

Quel jour sommes-nous, aujourd'hui ?

- Aujourd'hui, on est jeudi. / nous sommes jeudi. / c'est jeudi.

Quel jour est-ce aujourd'hui ?

- Aujourd'hui, c'est jeudi.

- lundi = ce lundi
  Lundi, je reste à la maison.
- le lundi = tous les lundis
  Le lundi, je travaille.

✻ 12달

janvier, février, mars, avril, mai, juin, juillet, août, octobre, novembre, décembre.

La rentrée est en septembre en France.
(au mois de septembre)

Les vacances d'été commencent en juillet.
(au mois de juillet).

001 보기와 같이 질문에 답하시오.

On est le combien aujourd'hui ?
7월 5일입니다. ⇨ On est le 5 juillet.

(1) 1월 1일입니다. ⇨ ______________________
(2) 12월 13일입니다. ⇨ ______________________
(3) 8월 15일입니다. ⇨ ______________________
(4) 4월 27일입니다. ⇨ ______________________
(5) 3월 31일입니다. ⇨ ______________________

002 예문과 같이 주어진 달을 프랑스어로 써넣으시오.

La rentrée est au mois de septembre en France.

(1) Noël est (12월) ______________________
(2) Les vacances d'été commencent (7월) ______________________
(3) Le jour de l'indépendance est (8월) ______________ en Corée.

003 ___ 안에 알맞은 단어 또는 표현을 써넣으시오.

Il y a sept jours dans une semaine. Ce sont _____ , _____ ,
_____ , _____ , _____ , _____ et _____ .
On ne travaille pas ____________ .
Et il y a douze mois dans une année. Ce sont _____ , _____ ,
_____ , _____ , _____ , _____ , _____ , _____ , _____ , _____ ,
_____ et _____ .

Leçon 22

Quel temps fait-il ?

날씨, 계절

✻ 날씨

날씨를 나타낼 때는 비인칭 대명사 'il' 을 사용한다.

Quel temps fait-il ?

☀	Il fait beau.
☁	Il fait gris.
☂	Il pleut.
☃	Il neige.
+30° C	Il fait chaud.
-20° C	Il fait froid.

✻ 계절

au printemps	En France, il fait doux au printemps.
en été	Au Japon, il fait chaud en été.
en automne	En Corée, il fait beau en automne.
en hiver	Au Canada, il fait froid en hiver.

001 같은 의미의 문장끼리 연결하시오.

(1) 비가 온다. ① Il neige.

(2) 날씨가 덥다. ② Il fait beau.

(3) 날씨가 흐리다. ③ Il fait gris.

(4) 눈이 내린다. ④ Il pleut.

(5) 날씨가 좋다. ⑤ Il fait chaud.

(6) 날씨가 춥다. ⑥ Il fait froid.

002 다음 질문에 대답하시오.

(1) Quel temps fait-il en automne en Corée ?

- ______________________________

(2) Quel temps fait-il au printemps en France ?

- ______________________________

(3) Quel temps fait-il en été au Japon ?

- ______________________________

(4) Quel temps fait-il en hiver au Canada ?

- ______________________________

Leçon 23

Vous voulez du café ?

부분관사

✲ 형태

du (de l')	de la (de l')
des	

셀 수 없는 명사의 한정되지 않은 양을 나타낼 때 사용한다.

Je mange du pain, de la viande et des légumes.

Tu as de la chance !

Elle demande de l'eau.

(1) 부정문에서 부정관사는 'de' 로 바뀐다.

Vous mangez du pain ?

- Non, je ne mange pas de pain.

Votre enfant a de la fièvre ?

-Non, il n'a plus de fièvre.

(2) 정관사와 부분관사의 비교 : le, la, les / du, de la, des

① Vous aimez le fromage ?

- Oui, j' aime le fromage. Je mange souvent du fromage.

② Vous voulez du vin ?

- Non merci. Je n'aime pas le vin.

정관사는 총체적인 대상을 지칭할 때 사용된다.
le chien
(= les chiens)
Le chien est un animal.
J'aime le cinéma.
(le sport, la musique)

부분관사로 사용되는 표현들 :

Il y a du soleil.

Il fait du ski.

Elle fait de la musique.

Elle a du courage.

001 예문과 같이 ____ 에 알맞은 부분관사를 넣으시오.

À la boulangerie, on achète du pain.

(1) Je prends toujours ______ café au lait, le matin.

(2) Ils achètent ___________ fruits.

(3) Vous avez ________ salade ?

(4) Est-ce qu'on a _______ argent pour le voyage ?

(5) Ils font _______ sport tous les matins.

002 예문과 같이 ____ 에 알맞은 관사(정관사, 부정관사, 부분관사)를 넣으시오.

Le coca n'est pas bon pour la santé.

(1) Est-ce que les Coréens aiment ______ riz ?

- Oui, ils mangent ______ riz tous les jours.

(2) Vous voulez ______ thé ?

- Non, merci. ______ eau, s'il vous plaît.

(3) Vous avez ______ tomates ?

- Non, nous n'avons pas ______ tomates aujourd'hui.

(4) Votre fille fait ________ musique ?

- Non, elle ne fait pas _______ musique.

003 관사, du, de la, des, de l', un, une 중에서 알맞은 것을 넣어 다음 글을 완성하시오.

Madame Masson est au supermarché. Elle achète _________ viande, _________ fromage et ___________ légumes. Après, elle passe à la boulangerie. Elle achète _________ baguette, ________ gâteau et ___________ croissants.

Leçon 24

J'achète un kilo de sucre.

수량의 표현

un kilo de sucre
un morceau de viande
cent grammes de légumes

J'achète un kilo de sucre.

✲ beaucoup de (많이), assez de (충분히), un peu de (약간)

beaucoup de pommes
assez de riz
un peu de fromage

Nous achetons beaucoup de pommes.

✲ 그 외 '일정한 수량' 의 표현 :

un verre de...
une tranche de...

une tasse de...
un paquet de...

un carnet de...
une bouteille de...

001 주어진 표현을 프랑스어로 완성하시오.

(1) 소금 200g ____________________

(2) 감자 500g ____________________

(3) 물 1잔 ____________________

(4) 우유 2리터 ____________________

(5) 치즈 3조각 ____________________

(6) 설탕 2 kg ____________________

(7) 쌀 8 kg ____________________

(8) 포도주 6병 ____________________

002 예문과 같이 부정문으로 대답하시오.

> Tu achètes des tomates ?
> - Non, je n'achète pas de tomates.

(1) Vous achetez de la viande ?

- Non, ____

(2) Il mange du poisson ?

- Non, ____

(3) Elle a beaucoup de travail ?

- Non, ____

(4) Dans cette pizza, il y a trop de sel ?

- Non, ____

(5) Dans cette salade, il y a assez de sauce ?

- Non, ____

Leçon 25

Sophie est plus grande que Jean.

비교급 (1)

✲ 형태

plus .... que (+)
aussi .... que (=)
moins .... que (–)

(1) 형용사 비교

Sophie est [plus / aussi / moins] grande que Jean.

(2) 부사 비교

Jean parle [plus / aussi / moins] fort que Sophie.

(3) 특이한 비교급 형태

bon(ne) ⇒ ~~plus bon(ne)~~ ⇒ meilleur(e)

bien ⇒ ~~plus bien~~ ⇒ mieux

① Le vin est meilleur que la bière.

② Elsa chante mieux que Jeanne.

001 ___ 안에 plus, moins, aussi를 넣으시오.

(1) Il est ______________ petit que son frère. (+)

(2) Je suis ______________ grand que mon père. (–)

(3) Balzac est un écrivain ____________ connu que Bossuet. (+)

(4) Béa est _____________ belle que Nadine. (=)

(5) Je suis ____________ fatigué aujourd'hui qu'hier. (+)

(6) Flora parle _____________ vite qu'Edith. (=)

002 예문과 같이 문장을 만드시오.

Il est (= beau) - son frère. ⇒ Il est aussi beau que son frère.
Il est (≠ beau) - son frère. ⇒ Il n'est pas si beau que son frère.

(1) Elle est (= belle) - sa sœur ⇒ ____________________

(2) Ils sont (≠ rapide) - les autres ⇒ ____________________

(3) Tu es (≠ sympathique) - moi ⇒ ____________________

(4) Vous êtes (= gros) - vos amis ⇒ ____________________

(5) Je suis (≠ fort) - vous ⇒ ____________________

003 다음 질문에 자유롭게 대답하시오.

(1) Est-ce que le bois est moins lourd que le fer ?

(2) Est-ce que la voiture va plus vite que le bateau ?

(3) Est-ce que les légumes sont meilleurs que la viande ?

(4) Est-ce que vous parlez mieux français qu'avant ?

(5) Est-ce que vous lisez plus souvent qu'avant ?

Leçon 26

C'est le meilleur restaurant du quartier.

비교급 (2)

✲ 명사 및 부사 비교

동사 + plus, autant, moins :

(1) 명사 비교

Jean a	plus de autant de moins de	livres que Pierre.
Sophie a	plus d' autant d' moins d'	argent que Marie.

(2) 부사 비교

Jacques travaille	plus autant moins	que Pierre.

✲ 최상급

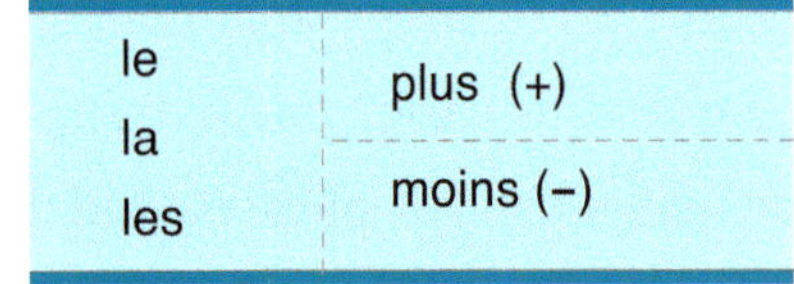

le la les	plus (+) moins (−)

Pierre est le plus grand de sa classe.
C'est le meilleur restaurant du quartier
C'est la jeune fille la plus belle du monde.
C'est le menu le moins cher.

001 주어진 글을 읽고 예문과 같이 ___ 안에 알맞은 표현을 쓰시오.

> Jacques a 35 euros. Pierre a 50 euros.
> Marie a 50 euros. Philippe a 80 euros.

Pierre a plus d'argent que Jacques.

(1) Jacques a ______________________ que Pierre.
(2) Marie a ________________________ que Pierre.
(3) Marie a ________________________ que Philippe.
(4) Philippe a ______________________ que Marie.
(5) Pierre a ________________________ que Philippe.

002 주어진 글을 읽고 예문과 같이 ___ 안에 알맞은 표현을 쓰시오.

> Marie travaille 35 heures par semaine. Pierre travaille 32 heures par semaine. Julie travaille 40 heures par semaine.

Marie travaille plus que Pierre

(1) Pierre travaille _______________ que Marie.
(2) Marie travaille ________________ que Julie.
(3) Julie travaille _______________ que Pierre.
(4) Julie travaille ________________ des trois.
(5) Pierre travaille ________________ des trois.

003 ____ 안에 알맞은 비교급 표현을 써넣으시오.

(1) Il y a __________ de voitures à Séoul qu'à Daejeon.
(2) Les femmes mangent ______ de viande que les hommes.
(3) Nous gagnons _______ d'argent aujourd'hui qu'avant.
(4) Il y a _______ de monde en Chine qu'en Inde.
(5) Pierre mange ___________ vite que Paul.

Leçon 27

On finit la leçon 26.

2군 동사

✲ 2군 동사는 어미가 '- ir' 로 끝난다.

finir	
Je finis	Nous finissons
Tu finis	Vous finissez
Il/Elle finit	Ils/Elles finissent

grandir	
Je grandis	Nous grandissons
Tu grandis	Vous grandissez
Il/Elle grandit	Ils/Elles grandissent

① Je choisis le menu.

On finit la leçon 26.

Ils choisissent leurs places.

② 부정형

Je ne finis pas mon devoir.

Tu ne choisis pas la bonne route.

Il/Elle ne grossit pas.

Nous ne réfléchissons pas assez à notre avenir.

Vous n'obéissez pas à vos parents.

Ils/Elles ne grandissent pas vite.

001 _____ 안에 finir 동사의 알맞은 형태를 넣으시오.

(1) Je ____________________________ mon exercice.

(2) Tu ____________________________ ton exercice.

(3) Il ____________________________ son exercice.

(4) Elle ____________________________ ses exercices.

(5) Nous ____________________________ notre exercice.

(6) Vous ____________________________ vos exercices.

(7) Ils ____________________________ leur exercice.

(8) Elles ____________________________ leurs exercices.

002 주어진 동사를 알맞은 형태로 변화시키시오.

(1) Quel plat (choisir)______________-tu ?

(2) Les enfants (grandir)______________ vite.

(3) Les feuilles d'arbre (jaunir)______________ en automne.

(4) Ce garçon (rougir)______________ devant les jeunes filles.

(5) Quels livres (choisir)______________-vous ?

(6) Nous (obéir)______________ à nos parents.

003 예문과 같이 ____ 안에 알맞은 동사 변화를 써넣으시오.

Est-ce que tu obéis à ton directeur ?
⇒ Oui, j'obéis à mon directeur.

(1) Vous finissez votre devoir ?
- Oui, je _________ mon devoir.

(2) Est-ce que je grossis ?
- Non, vous ne _______________ pas.

(3) Vous choisissez la couleur ?
- Non, nous ne _________________ pas la couleur.

Leçon 28

Tu viens chez moi ?

불규칙 동사 (1)

✲ aller 동사 와 venir 동사

aller	
Je vais	Nous allons
Tu vas	Vous allez
Il/Elle/On va	Ils/Elles vont

venir	
Je viens	Nous venons
Tu viens	Vous venez
Il/Elle/On vient	Ils/Elles viennent

Je vais au cinéma.

Tu viens avec moi ?

✲ 불규칙 동사 -ir 형

partir	
Je pars	Nous partons
Tu pars	Vous partez
Il/Elle part	Ils/Elles partent

'dormir', 'servir', 'sortir' 동사도 같은 유형으로 변화한다.

Vous partez déjà ? - Oui, je pars.

Elle sort tous les soirs.

001 예문과 같이 질문에 대답하시오.

Vous partez demain ? ⇒ Non, je pars la semaine prochaine.

(1) Vous sortez ce soir ?

- Non, je ne _________ pas ce soir.

(2) Vous venez avec moi ?

- Avec plaisir, je _________ avec vous.

(3) Tu dors déjà ?

- Non, je ne _________ pas encore.

002 예문과 같이 aller, venir, partir, sortir, dormir, servir 중에서 알맞은 동사를 선택하여 변화시키시오.

On va au cinéma ce soir ?

(1) Quand ____________ -vous en vacances ?

(2) Les enfants ______________ dans leurs chambres.

(3) Mes amis ________________ chez moi ce soir.

(4) Maman ___________ le repas.

(5) Mes frères _________ tous les soirs.

003 주어진 동사를 현재형으로 변화시켜 다음 글을 완성하시오.

Je suis à Chamonix avec Jean. On est ici juste pour le week-end.
Nous (dormir)___________ dans un hôtel.
Le matin, nous (sortir) __________ pour faire du ski.
Le soir, nous (aller) __________ dans un petit restaurant près de l'hôtel. Nous (aimer) _________ goûter la cuisine de la région.

Leçon 29

Tu prends le métro ?

불규칙 동사 (2)

✻ 불규칙 동사 -re 형

écrire	
J'écris	Nous écrivons
Tu écris	Vous écrivez
Il/Elle écrit	Ils/Elles écrivent

lire	
Je lis	Nous lisons
Tu lis	Vous lisez
Il/Elle lit	Ils/Elles lisent

répondre	
Je réponds	Nous répondons
Tu réponds	Vous répondez
Il/Elle répond	Ils/Elles répondent

✻ 기타 불규칙 동사

prendre	
Je prends	Nous prenons
Tu prends	Vous prenez
Il/Elle prend	Ils/Elles prennent

mettre	
Je mets	Nous mettons
Tu mets	Vous mettez
Il/Elle met	Ils/Elles mettent

Tu prends le métro ?

- Non, je ne prends pas le métro.

Vous mettez du sucre dans le café ?

- Oui, je mets du sucre dans le café.

001 **질문에 대답하시오.**

(1) Vous écrivez avec un stylo ?

Oui, ______________________________

(2) Vous lisez les journaux ?

Non, ______________________________

(3) Vous mettez un pull ?

Non, ______________________________

(4) Vous répondez aux questions ?

Oui, ______________________________

(5) Vous entendez du bruit ?

Oui, ______________________________

(6) Vous prenez le train ?

Non, ______________________________

002 **주어진 동사를 알맞게 변화시키시오.**

(1) Elle (décrire) ____________ le héros de ce film.

(2) Nous (écrire) ____________ un journal tous les jours.

(3) Ils (mettre) ____________ deux heures pour finir le travail.

(4) Je (attendre) ____________ un taxi.

(5) Elles (descendre) ____________ l'escalier.

(6) Il (vendre) ____________ ses vieux livres.

(7) Qu'est-ce que tu (prendre) ____________ comme entrée ?

Leçon 30

Je ne sais pas.

불규칙 동사 (3)

(1) voir

Je vois	Nous voyons
Tu vois	Vous voyez
Il/Elle voit	Ils/Elles voient

Vous voyez bien la tour de Séoul ?

(2) savoir

Je sais	Nous savons
Tu sais	Vous savez
Il/Elle sait	Ils/Elles savent

Tu sais conduire.

- Non, je ne sais pas conduire.

(3) faire

Je fais	Nous faisons
Tu fais	Vous faites
Il/Elle fait	Ils/Elles font

① faire + 스포츠, 예술, 공부 등의 활동 표현

Je fais du sport. Tu fais de la natation.

Il fait du piano. Elle fait du français.

② faire + 일 또는 직업

Je fais le ménage. Vous faites la cuisine.

001 faire 동사를 변화시켜 문장을 완성하시오.

(1) Je ____________ mes études à l'université.

(2) Vous ____________ du français.

(3) Les enfants _____________ du sport.

(4) Tu _____________ du ski.

(5) Nous ________________ notre devoir.

(6) Ma sœur _________________ la cuisine.

002 예문과 같이 voir, savoir, faire 동사를 이용하여 문장을 완성하시오.

Elle **sait** conduire la voiture.

(1) Tu ________ du piano.

(2) Je ne ________ pas souvent mes parents.

(3) Vous ________ votre travail.

(4) Il y a beaucoup de brouillard, je ne ________ pas très bien.

(5) Il ________ mal sans ses lunettes.

(6) _________-vous nager ?

003 좌우의 문장을 의미가 맞게 연결하시오.

(1) Elle est trop grosse.　　① Je vais chez le médecin.

(2) Mon autocar est à 9h.　　② Elle fait un régime.

(3) Je suis malade.　　③ Je pars tout de suite.

Leçon 31

Je peux partir ?

불규칙동사 (4)

(1) vouloir 동사

Je veux	Nous voulons
Tu veux	Vous voulez
Il/Elle veut	Ils/Elles veulent

Vous voulez du thé ?

Tu veux venir avec moi ?

Elle veut étudier le français.

(2) pouvoir 동사

Je peux	Nous pouvons
Tu peux	Vous pouvez
Il/Elle peut	Ils /Elles peuvent

Nous pouvons gagner le match.

Je peux partir ?

Vous ne pouvez pas fumer.

(3) devoir 동사

Je dois	Nous devons
Tu dois	Vous devez
Il/Elle doit	Ils/Elles doivent

Je dois rester chez moi.

Vous devez finir votre travail avant 8 heures.

On ne doit pas fumer dans la salle.

001 Devoir 동사를 변화시켜 문장을 완성하시오.

(1) On ________ avoir un visa pour aller en Chine.

(2) Je ________ téléphoner au directeur.

(3) Vous _________ apporter votre passeport.

(4) Tu ________ envoyer ce paquet avant midi.

(5) Elle _______ perdre des kilos pendant les vacances.

002 Vouloir 와 pouvoir 를 사용하여 문장을 완성하시오.

(1) Qu'est-ce que tu _______ pour ton anniversaire ?

(2) Moi, je ______ un lecteur MP3 et toi, qu'est-ce que tu ______ ?

(3) Qu'est-ce que vous _______ comme dessert ?

(4) Tu _______ traduire cette phrase ?

(5) Elles ne _________ pas entrer, c'est interdit.

(6) Mon fils ______ aller à la plage.

003 Vouloir, devoir, pouvoir 를 이용하여 예문과 같이 문장을 완성하시오.

Il veut changer de l'argent.
- Alors, il doit trouver un bureau de change.

(1) Est-ce que tu veux déjeuner avec moi ?
- Non, désolé. Je ne ________ pas, j'ai une réunion à 13 heures.

(2) Pour obtenir la carte du club, qu'est-ce que je dois apporter ?
- Vous __________ apporter une photo et une pièce d'identité.

(3) Qu'est-ce que vous voulez faire comme sport ?
- Mon fils _________ faire du football et mon mari et moi, nous __________ faire du jogging.

Leçon 32

Comment tu t'appelles ?

대명동사

✻ 형태

(1) s'appeler : 긍정형

Je m'appelle	Nous nous appelons
Tu t'appelles	Vous vous appelez
Il/Elle s'appelle	Ils/Elles s'appellent

(2) s'appeler : 부정형

Je ne m'appelle pas	Nous ne nous appelons pas
Tu ne t'appelles pas	Vous ne vous appelez pas
Il/Elle ne s'appelle pas	Ils/Elles ne s'appellent pas

✻ 용법

(1) 재귀적: 주어의 행위가 다시 주어에게 돌아온다.

Je me lave.

cf. Je lave ma voiture.

(2) 상호적: 상호간의 행위를 나타낸다.

Nous nous téléphonons tous les jours.

cf. Je téléphone à Paul.

(3) 본질적: 원래적인 용법으로 쓰인다.

Je me souviens de mon enfance.

Il se moque de toi.

(4) 수동적: 수동적 의미로 쓰인다.

La porte se ferme doucement.

cf. Je ferme la porte.

Les vêtements se vendent bien.

cf. On vend les vêtements.

001 예문과 같이 대명동사를 현재형으로 변화시키시오.

Vous __________ (se laver) ⇒ Vous vous lavez.

(1) On __________ (s'écrire)

(2) Nous __________ (se parler)

(3) Elle __________ (se lever)

(4) Tu __________ (s'habiller)

(5) Vous __________ (se reposer)

(6) Ils __________ (s'aimer)

002 보기에서 대명동사를 선택하여 문장을 완성하시오.

se téléphoner, s'appeler, se lever, se promener,
s'habiller, s'aimer, se reposer

(1) Nous ______________________ dans le parc.

(2) Tu ______________________ comment ?

(3) Ils ______________________ tous les jours.

(4) Mes parents ______________________ tôt le matin.

(5) Je ______________________ à toute vitesse.

(6) Ils ______________________ depuis longtemps.

(7) Nous ______________________ un peu.

003 자유롭게 대답하시오.

(1) À quelle heure est-ce que vous vous levez, en général ?

(2) Est-ce que vous vous reposez le week-end ?

(3) Est-ce que vous vous couchez tôt ?

(4) Est-ce que vous vous maquillez souvent ?

(5) Est-ce que vous vous habillez vite ?

Leçon 33

Fermez la porte, s'il vous plaît!

명령형

✲ 형태

(Tu)	Regarde!	Écoute!
(Nous)	Regardons!	Écoutons!
(Vous)	Regardez!	Écoutez!

1군 동사 2인칭 단수의 경우 's' 를 생략.
- Tu regardes. ⇨ Regarde!
- Tu écoutes. ⇨ Écoute!

✲ 용법

(1) 명령이나 당부, 충고, 바램 등을 나타낸다.

Ferme la porte!

Passez de bonnes vacances!

Reposez-vous bien!

(2) 부정 명령문

Ne parle pas!

Ne bougez pas!

(3) 특수한 명령형을 갖는 동사

être 동사 : Sois / Soyons / Soyez sage!

avoir 동사 : Aie / Ayons / Ayez du courage!

Tu vas à l' école. ⇨ Va à l' école!
예외적으로, 3군 동사인 aller 동사의 2인칭 단수에서도 's' 를 생략한다.

001 예문과 같이 동사들을 명령형으로 바꾸시오.

Vous prenez ce médicament. ⇒ Prenez ce médicament.

(1) Vous marchez beaucoup. ⇒ ____________________

(2) Tu écoutes le professeur. ⇒ ____________________

(3) Tu vas chez le médecin. ⇒ ____________________

(4) Nous sommes positifs. ⇒ ____________________

(5) Vous avez du courage. ⇒ ____________________

002 예문과 같이 알맞은 명령이나 충고를 쓰시오.

Tu fumes beaucoup. ⇒ Ne fume pas beaucoup. (fumer)

(1) Vous travaillez beaucoup.

____________________ beaucoup. (travailler)

(2) Tu n'as pas envie de téléphoner à Marie.

____________________ à Marie. (téléphoner)

(3) Tu grossis.

____________________ beaucoup. (manger)

(4) Vous avez froid.

____________________ la fenêtre. (fermer)

(5) Vous êtes en retard.

____________________ un taxi. (prendre)

(6) Vous faites beaucoup de bruit.

____________________ calme. (être)

(7) Tu n'as pas de courage.

____________________ courage. (avoir)

(8) Nous ne sommes pas sages.

____________________ sages. (être)

Leçon 34

Attention! Tu vas tomber.

근접미래와 근접과거

✲ 근접미래

(1) 형태

aller + 동사원형

(2) 용법 : 가까운 미래에 일어나는 사건, 또는 변화를 표현한다.

Attention! Tu vas tomber.

Le ciel est gris. Il va neiger.

Elle va partir ce soir.

✲ 근접과거

(1) 형태

venir de + 동사원형

(2) 용법 : 방금 일어난 사건을 표현할 때 사용한다.

Je viens de terminer mon devoir.

Il vient de sortir.

Elle vient d'arriver.

근접미래와 근접과거 비교

Je termine mon travail.

⇒ Je vais terminer mon travail. (곧 끝낸다)

⇒ Je viens de terminer mon travail. (방금 전에 끝냈다)

001 예문과 같이 문장들을 근접 미래로 바꾸시오.

Aujourd'hui	⇨	Demain
Je pars à trois heures.	⇨	Je vais partir à trois heures.

(1) Il commence à huit heures. ⇨ ______________________

(2) Nous déjeunons à midi. ⇨ ______________________

(3) Je me lève à sept heures. ⇨ ______________________

(4) Elle se couche à onze heures. ⇨ ______________________

002 예문과 같이 근접미래로 표현하시오.

Paul : acheter une voiture.

Paul va acheter une voiture.

(1) Jean et Christine : partir en voyage

____

(2) Jacques et moi : déménager

____

(3) Anne et toi : passer un mois en France

____

003 예문과 같이 동사들을 근접과거로 표현하시오.

Tu as faim ?

- Non, je n'ai pas faim. (manger) Je viens de manger.

(1) Est-ce que vous avez soif ?

- Non, je n'ai pas soif. (boire de l'eau) ______________________

(2) Tu as sommeil ?

- Non, je n'ai pas sommeil. (dormir) ______________________

(3) Vous êtes encore malade ?

- Non, je ne suis plus malade. (prendre un médicament) ____________

(4) Pierre est-il encore à l'école ?

- Non, il n'est pas là. (sortir de l'école) ______________________

Leçon 35

Hier, j'ai vu un film.

복합과거 (1)

✻ 형태

avoir 동사의 현재형 + 과거분사

(1) 1군 동사의 과거분사형: ≪-er≫ ⇨ ≪-é≫

mang-er	mangé	J' ai mangé
invit-er	invité	Tu as invité
achet-er	acheté	Il a acheté

(2) 2군 동사의 과거분사형 : ≪-ir≫ ⇨ ≪-i≫

fin-ir	fini	Nous avons fini
chois-ir	choisi	Vous avez choisi
roug-ir	rougi	Elles ont rougi

(3) 불규칙동사의 과거분사형

① ≪-ir(e)≫ ⇨ ≪-u≫		② ≪-ir≫ ⇨ ≪-i≫	
boire	J'ai bu	dormir	J'ai dormi
voir	J'ai vu	sourir	J'ai souri

✻ 용법

Aujourd' hui		Hier
Elle mange des pommes.	⇨	Elle a mangé des pommes.
Il finit son devoir.	⇨	Il a fini son devoir.

001 예문과 같이 복합과거 문장으로 만드시오.

En général, je dîne chez moi. ⇒ Hier, j'ai dîné au restaurant.

(1) Aujourd'hui, je mange des pommes.

⇒ Hier, ______________________________

(2) D'habitude, je regarde la télévision.

⇒ Hier soir, ______________________________

(3) En général, j'écoute la radio.

⇒ Hier après-midi, ______________________________

(4) En général, ils jouent au tennis.

⇒ Le week-end dernier, ______________________________

002 주어진 동사를 사용하여 복합과거 문장을 완성하시오.

(1) Nous (finir) ______________ notre travail.

(2) Elle (choisir) ______________ une belle robe.

(3) Je (dormir) ______________ pendant dix heures.

(4) Ils (boire) ______________ beaucoup de vin.

(5) Je (voir) ______________ un bon film.

(6) Ils (sourire) ______________ ensemble.

003 주어진 동사를 알맞은 복합과거 형태로 변화시키시오.

Hier, Pierre (finir)________ ses devoirs et (manger)________ des pommes. Son copain (inviter)______________ des amis et ils (boire)___________ du vin. Ils (acheter)___________ beaucoup de choses à manger, mais ils (ne pas prendre)________ les gâteaux.

Leçon 36

Elle a écrit une lettre.

복합과거 (2)

① ≪-re≫ ⇨ ≪-is≫

prend-re	pris	J'ai pris le petit déjeuner.
apprend-re	appris	J'ai appris le français.
comprend-re	compris	J'ai compris votre question.
mett-re	mis	J'ai mis du lait dans le café.

② ≪-ire≫ ⇨ ≪-it≫

Dire	dit	J'ai dit bonjour à tout le monde.
Ecrire	écrit	J'ai écrit une lettre d'amour.

③ 그 외 동사들 :

faire	fait	J'ai fait mon devoir.
être	été	J'ai été à Paris.
avoir	eu	J'ai eu un accident.
pouvoir	pu	J'ai pu attraper le train.
devoir	dû	J'ai dû terminer mon travail.
vouloir	voulu	J'ai voulu acheter une robe.
entendre	entendu	J'ai entendu du bruit.
recevoir	reçu	J'ai reçu un mél.
répondre	répondu	J'ai répondu au téléphone.
courir	couru	J'ai couru à toute vitesse.
attendre	attendu	J'ai attendu mon ami.

001 예문과 같이 복합과거로 바꾸시오.

Le week-end		Hier aussi
Je dors jusqu'à midi.	⇨	J'ai dormi jusqu'à midi.

(1) Je bois du café. ⇨ ________________

(2) Il lit le journal. ⇨ ________________

(3) Vous faites le tour du monde. ⇨ ________________

(4) Elle prend une douche. ⇨ ________________

(5) Nous écrivons à des amis. ⇨ ________________

002 예문과 같이 avoir, être 동사로 복합과거 문장을 완성하시오.

Hier, j'ai eu de la fièvre.	Hier, j'ai été malade.
(1) Tu _____ un problème.	Tu _____ fatigué.
(2) Il _____ peur.	Il _____ surpris.
(3) Nous _____ un accident.	Nous _____ blessés.
(4) Vous _____ du courage.	Vous _____ courageux.
(5) Ils _____ de la chance.	Ils _____ heureux.

003 주어진 동사를 활용하여 복합과거 문장을 완성하시오.

(1) Elle (vouloir) ______________ dire un mot.

(2) Tu (ne pas pouvoir) ______________ obtenir ton visa ?

(3) Elle (pouvoir) ______________ avoir son permis de conduire.

(4) Je (devoir) ______________ sortir de la salle.

(5) Qu'est-ce que tu (faire) ______________ hier soir ?

(6) Ils (attendre) ______________ un taxi vingt minutes.

(7) Qu'est-ce qu'elle (répondre) ______________ ?

(8) Je (finir) ______________ mon travail.

(9) Je (ne pas encore lire) ______________ votre lettre.

Leçon 37

Nous sommes allés au café.

복합과거 (3)

✲ 형태

être 동사의 현재형 + 과거분사

(1) 복합과거에서 조동사 être를 취하는 동사 :

① 왕래발착 및 장소의 이동을 의미하는 자동사

aller, venir, partir, arriver, monter, descendre, entrer, sortir, naître, mourir, rester, tomber, passer, retourner

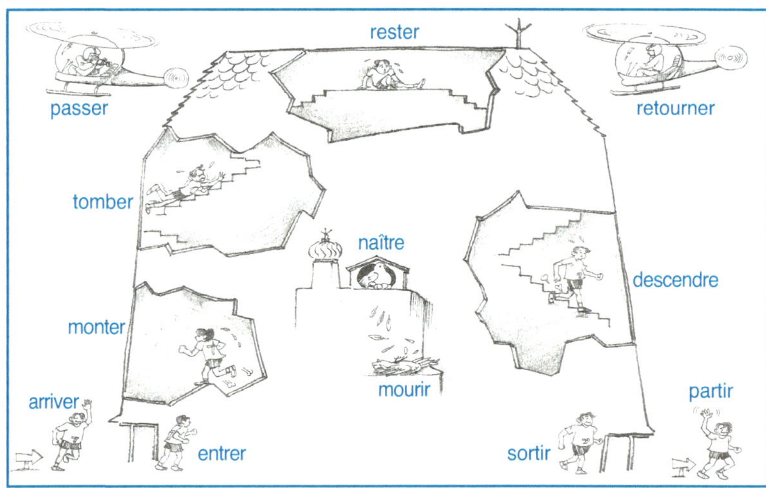

• 그 외 devenir, rentrer, revenir... 동사들도 조동사로 être를 취한다.

② 대명동사

Elle s'est couchée tard.

Ils se sont levés tôt ce matin.

(2) 과거분사는 주어의 성 · 수에 일치한다.

Elle est partie pour Paris.

Nous sommes allé(e)s au café.

001 다음 문장을 복합과거로 만드시오.

(1) Sophie part pour Marseille. ____________________

(2) Ils rentrent chez eux. ____________________

(3) Elles passent devant le cinéma. ____________________

(4) Nous sortons du café. ____________________

(5) Vous entrez dans un café. ____________________

002 ___ 안에 알맞은 동사를 선택해서 복합과거로 써넣으시오.

aller, arriver, monter, naître, tomber

(1) Picasso ________________ en 1881.

(2) Le train ________________ à 10 heures.

(3) L'ascenseur ________________ au 60ème étage.

(4) Le voleur ________________ par terre.

(5) Elle ________________ à pied.

003 예문과 같이 질문에 대답하시오.

Qui est-ce qui est allé en France ?

- Mes enfants sont allés en France.

(1) Qui est-ce qui est venu tard ?

- Ses filles ________________ tard.

(2) Qu'est-ce qui est tombé de l'arbre ?

- Des feuilles ________________ de l'arbre.

(3) Ils viennent en Corée cette année ?

- Non, ils ________________ l'année dernière.

(4) Il est midi. Elle arrive cet après-midi ?

- Non, elle ________________ ce matin.

Leçon 38

Avant, j'habitais à Paris.

반과거

✲ 형태

1인칭 복수(nous) 어간 +반과거형 어미

travailler	
Je travaillais	Nous travaillions
Tu travaillais	Vous travailliez
Il/Elle travaillait	Ils/Elles travaillaient

être : nous sommes
⇨ j' étais

nous finissons	⇨	je finissais	nous avons	⇨	j'avais
nous partons	⇨	je partais	nous faisons	⇨	je faisais
nous prenons	⇨	je prenais	nous allons	⇨	j'allais
nous sortons	⇨	je sortais	nous disons	⇨	je disais

✲ 용법

(1) 과거에 지속된 행위나 상태를 나타낸다.

Maintenant, j'habite à Séoul. Je travaille dans un hôtel.

Mais avant, j'habitais à Paris. Je travaillais dans un petit magasin.

(2) 과거에 반복된 행위나 습관을 나타낸다.

Tous les dimanches, j'allais à la messe.

Je faisais du ski chaque hiver.

001 예문과 같이 주어진 동사를 반과거형으로 써넣으시오.

Qu'est-ce que tu (faire) **faisais** le week-end ?

(1) Dans les années 80, la vie ne (coûter)__________ pas très cher.

(2) Au 19e siècle, les femmes (n'avoir)__________ pas le droit de voter.

(3) Avant, vous (habiter)______________ à la campagne ?

(4) Au moyen âge, tout le monde (aller)____________ à l'église.

(5) Le soir, nous (nous promener)_______________ dans le jardin.

002 예문과 같이 문장을 고치시오.

Maintenant, je suis riche. ⇒ Avant, **je n'étais pas riche.**

(1) Maintenant, mes parents habitent en ville.

⇒ Avant, ____

(2) Maintenant, j'ai beaucoup d'amis.

⇒ Avant, ____

(3) Maintenant, nous connaissons bien cette ville.

⇒ Avant, ____

(4) Maintenant, vous parlez bien le français.

⇒ Avant, ____

(5) Maintenant, tu lis beaucoup.

⇒ Avant, ____

(6) Maintenant, il y a beaucoup de magasins dans le quartier.

⇒ Avant, ____

003 다음 글을 반과거형으로 바꾸어 쓰시오.

<u>C'est</u> un dimanche après-midi. Il <u>fait</u> beau. Je <u>suis</u> avec des amis. Nous <u>sommes</u> à la terrasse d'un café. Nous <u>regardons</u> passer les gens et les voitures. Nous <u>attendons</u> notre ami Jean-Claude.

Leçon 39

Quand je suis rentré, il dormait.

복합과거와 반과거

(1) 복합과거는 과거에 완료된 사건 · 사실을 나타낸다.

Hier, j'ai perdu mon téléphone portable.

(2) 반과거는 과거의 습관이나 반복되는 동작, 지속적인 상태를 나타낸다.

Quand j'étais petit, j'allais chez ma grand-mère le dimanche.

(3) 복합과거와 반과거가 한 문장에 동시에 사용될 수 있다.

Quand je suis rentré, il dormait.

(4) 복합과거는 일회적인 행위나 사건을, 반과거는 상황의 배경을 묘사할 때 사용한다.

Hier soir, je lisais un roman policier.
Tout à coup, quelqu'un a frappé à la porte.
Il était minuit.

(5) 복합과거는 '일정한' 기간을 나타낼 때, 반과거는 정해지지 않은 '막연한' 기간을 나타낼 때 사용한다.

De 2000 à 2005, pendant 6 ans, j'ai fait du tennis.
Avant, je ne faisais pas de sport.

001 **주어진 동사를 복합과거 또는 반과거로 변화시키시오.**

Quand je **suis sorti** du cinéma, il **pleuvait** beaucoup.

(1) Ce matin. Pierre (se lever) _______ tard, il (être) _______ 10 heures.

(2) Avant, je (boire) _______ du vin ; maintenant, je bois de la bière.

(3) Hier, elle (ne pas sortir) _________ de la maison, parce qu'il (pleuvoir) _______ toute la journée.

(4) Je (rester) dans mon bureau jusqu'à 8h du soir, parce que je (avoir) _______ un travail à terminer.

002 **주어진 동사를 복합과거 또는 반과거로 변화시키시오.**

(1) Je (donner) ___________ un cadeau à Caroline hier ;
ce (être) ___________ son anniversaire.

(2) Un jour, un homme (arriver) _______ dans mon village,
ce (être) _______ un grand peintre. Il _______ amoureux de ma sœur.

(3) Quand ma mère (se marier) _______ avec mon père, elle (avoir) _______ vingt-quatre ans.

(4) La semaine dernière, je (aller) _______ voir ma grand-mère; elle (être) _______ malade.

Leçon 40

Nous irons en France cet été.

단순미래

✲ 형태

어간(-r) + 단순미래형 어미

1군동사와 2군동사는 동사원형이 어간이 된다.

① 1군동사

parler	
Je parlerai	Nous parlerons
Tu parleras	Vous parlerez
Il/Elle parlera	Ils/Elles parleront

② 2군동사

finir	
Je finirai	Nous finirons
Tu finiras	Vous finirez
Il finira	Ils finiront

③ 불규칙 동사

être	je ser-ai	vous ser-ez
avoir	j'aur-ai	vous aur-ez
faire	je fer-ai	vous fer-ez
aller	J'ir-ai	vous ir-ez

✲ 용법 : 미래 행위를 표현한다.

Nous irons en France cet été.

Demain, je téléphonerai à mes parents.

001 좌우의 표현을 연결하시오. (복수 대답 가능)

(1) Ils	a. étudierons le français ensemble.
(2) Vous	b. reviendront en France.
(3) Tu	c. liront un roman.
(4) J'	d. comprendrai vite la leçon.
(5) L'étudiant	e. mangerons dans un restaurant.
(6) Je	f. n'oublierez pas mon nom.
(7) On	g. écouteras la radio.
(8) Mes amis	h. expliquerai les règles.
(9) Nous	i. regardera la télévision.

002 예문과 같이 문장을 완성하시오.

Si je (avoir) _______ le temps, je (aller) _______ au cinéma.
⇒ Si j'ai le temps, j'irai au cinéma.

(1) Si tu ________ (partir) tard, tu ________________ (être) en retard.

(2) S'il ________ (faire) beau, nous _________ (aller) à la plage.

(3) S'ils ________ (aller) en France, ils _________ (visiter) le musée du Louvre.

(4) Si je ________ (pouvoir), je _________ (téléphoner) à ma voisine.

003 단순미래를 사용하여 자유롭게 문장을 완성하시오.

(1) Si je rencontre une belle fille, ________________________________

(2) Si j'ai le temps, ________________________________

(3) Si vous étudiez le français, ________________________________

(4) S'il fait beau demain, ________________________________

Leçon 41

Je vais au cinéma le dimanche.

직설법 시제

✲ 직설법 시제 유형

(1) 현재 : 현재의 행위나 습관을 나타낸다.
Qu'est-ce que tu fais maintenant ?
Je vais au cinéma le dimanche.

(2) 복합과거 : 일반적으로 과거에 완료된 행위나 사실을 나타낸다.
Qu'est-ce que tu as fait hier ?
Je suis allé au cinéma dimanche dernier.

(3) 반과거 : 과거에 지속, 반복된 행위, 과거 상황의 묘사 등을 나타낸다.
Qu'est-ce que tu faisais alors ?
J'allais au cinéma le dimanche.

(4) 단순미래 : 미래의 행위나 사실을 나타낸다.
Qu'est-ce que tu feras cet après-midi ?
J'irai au cinéma dimanche prochain.

001 예문과 같이 복합과거 시제로 변화시키시오.

Elle court dans le jardin. ⇒ Elle a couru dans le jardin.

(1) Nous achetons beaucoup de livres. ______________

(2) Jacques ouvre la porte. ______________

(3) La famille de Didier vit au Québec. ______________

(4) Elles sortent ensemble. ______________

(5) Nous sommes à Séoul. ______________

(6) Elle sort de sa chambre. ______________

002 예문과 같이 반과거 시제로 변화시키시오.

Où êtes-vous ? ⇒ Où étiez-vous ?

(1) Qu'est-ce que vous faites ? ______________

(2) Nous courons dans les rues de Paris. ______________

(3) J'écris souvent des lettres. ______________

(4) Il boit beaucoup de vin. ______________

(5) On met trois heures pour finir le travail. ______________

(6) Vous avez deux voitures. ______________

003 예문과 같이 단순미래 시제로 변화시키시오.

Tu vois la montagne. ⇒ Tu verras la montagne.

(1) Je reçois des colis de mon amie. ______________

(2) Nous avons de grandes vacances. ______________

(3) Ils reviennent des Etats-Unis. ______________

(4) Nous envoyons des lettres au directeur. ______________

(5) Est-ce que vous savez conduire ? ______________

(6) Est-ce qu'ils vont au musée ? ______________

Leçon 42

Où vas-tu ?

의문부사 (1)

✲ QUAND : 시간을 묻는 의문부사

Quand partez-vous ?

- Je pars demain.

Quand finit le cours ?

- Il finit à cinq heures.

✲ OÙ : 장소를 묻는 의문부사

Où vas-tu ?

- Je vais à Paris.

Où habitez-vous ?

- J'habite à Busan.

✲ COMMENT : 방법을 묻는 의문부사

Comment partez-vous ?

- Nous partons en train.

Comment rentre-t-il ?

- Il rentre en métro.

회화체에서는 의문부사가 문장 끝에 사용될 수 있다.

Tu vas où ?
Vous partez quand ?
Tu rentres comment ?

001 예문과 같이 où, quand, comment 중 적절한 표현을 넣으시오.

Où travaillez-vous ?
- Je travaille dans une banque.

(1) ____________ partez-vous ?
- Je pars en octobre.

(2) ____________ partez-vous en vacances ?
- Nous partons en train ou en avion.

(3) _____________ habitez-vous ?
- J'habite à Rome.

(4) Tu pars ___________ ?
- Je pars dans une semaine.

002 질문에 알맞은 대답을 골라 연결하시오.

(1) Tu reviens quand ?	a. De la piscine.
(2) D'où viens-tu ?	b. En France.
(3) Comment partez-vous pour Osaka ?	c. Dans une heure.
(4) Quand part le prochain bus ?	d. Samedi ou dimanche.
(5) Où allez-vous en vacances ?	e. En bateau.

003 Où, quand, comment을 사용하여 예문과 같이 의문문을 만드시오.

Tu reviens lundi ou mardi ? ⇨ Tu reviens quand ?

(1) Vous arrivez demain ou aujourd'hui ? ____________________

(2) Tu pars en train ou en avion ? ____________________

(3) Vous allez à la mer ou à la montagne ? ____________________

(4) Le cours finit à six heures ou à sept heures ? ______________

(5) Il travaille dans une banque ou dans un magasin ? ______________

Leçon 43

Combien ça coûte ?

의문사 (2)

✲ COMBIEN : 가격, 숫자, 날짜를 물을 때 사용되는 의문사

숫자를 나타내는 combien 과 날짜를 나타내는 le combien 을 구별해야 한다.

Vous êtes combien ?
- On est cinq.
On est le combien ?
- On est le 5 avril.

Combien ça coûte ?
- Ça coûte 100 euros.

Ça fait combien ?
- Ça fait 60 euros.

✲ POURQUOI : 목적, 원인을 묻는 의문부사

Pourquoi partez-vous en train ?
- Parce que le train est pratique.

원인을 나타내는 다른 표현 : à cause de + 명사

Pourquoi tu es en retard ?
- Je suis en retard, à cause d'un accident de voiture.

001 Combien과 combien de 중에서 적당한 것을 써넣으시오.

(1) ____________ temps dure le vogage ? - 8 heures.

(2) ____________ coûte le billet ? - 70 euros.

(3) ____________ jours travailles-tu ? - 5 jours.

(4) ____________ pommes as-tu ? - 3 pommes.

002 예문과 같이 parce que를 사용하여 질문에 자유롭게 대답하시오.

Pourquoi est-il heureux ? ⇨ Il est heureux parce qu'il est amoureux.

(1) Pourquoi cours-tu ?

⇨ ____________________________

(2) Pourquoi est-elle triste ?

⇨ ____________________________

(3) Pourquoi ce film a-t-il du succès ?

⇨ ____________________________

(4) Pourquoi êtes-vous en retard ?

⇨ ____________________________

003 다음 질문과 대답을 연결하시오.

(1) Pourquoi les avions restent-ils au sol ? a) à cause du rhume.

(2) Pourquoi tousses-tu ? b) à cause du brouillard.

(3) Pourquoi l'ascenseur est-il bloqué ? c) à cause d'une panne.

(4) Pourquoi y a-t-il des embouteillages ? d) à cause d'une manifestation.

Leçon 44

Il n'y a personne.

부정의 표현

(1) NE ... PLUS : 더 이상 ... 아니다.

Vous faites toujours du jogging ?

- Non, je ne fais plus de jogging.

(2) NE ... JAMAIS : 결코 ...아니다.

Vous êtes déjà allé en France ?

- Non, je ne suis jamais allé en France.

(3) NE ... PAS ENCORE : 아직.... 아니다.

Vous avez déjà goûté la fondue ?

- Non, je n'ai pas encore goûté ce plat.

(4) NE ... PERSONNE : 아무도 ...아니다(없다).

Il y a quelqu'un ?

- Non, il n'y a personne.

(5) NE ... RIEN : 아무 것도 ...아니다.

Il y a quelque chose de nouveau dans ce livre ?

- Non, il n'y a rien de nouveau.

ne ... plus, ne ... jamais, ne ... personne, ne ... rien 의 표현은 자체적으로 부정을 나타내기 때문에 pas를 쓰지 않는다.

• Il y a quelque chose ?
- Non, il n'y a ~~pas~~ rien.

001 예문과 같이 부정문으로 바꾸시오.

Il fume toujours. ⇒ Il ne fume plus.

(1) Jean mange tout. ⇒ ______________________

(2) Nous sortons souvent. ⇒ ______________________

(3) Marie est déjà arrivée. ⇒ ______________________

(4) Quelqu'un a appelé le médecin. ⇒ ______________________

(5) Il pleut encore. ⇒ ______________________

002 예문과 같이 부정문으로 대답하시오.

Tu as déjà goûté la fondue ?
- Non, je n'ai jamais goûté la fondue.

(1) Vous travaillez toujours avec Jacques ?
- Non, ______________________________

(2) Elle sort avec quelqu'un ?
- Non, ______________________________

(3) Tu as quelque chose à faire le week-end ?
- Non, ______________________________

(4) Jean a déjà fini ses études ?
- Non, ______________________________

003 다음 빈 칸에 적당한 표현을 넣어 글을 완성시키시오.

Jean n'aime personne. Il ne sourit ________________. Il ne dit bonjour à ________________. Il n'a pas d'amis. Il est toujours seul. Il ne trouve ________________ d'intéressant dans la vie. Vous connaissez quelqu'un comme Jean ?

Leçon 45

Je t'aime.

직접 목적보어 대명사 (1)

✻ 형태:

Pierre	me te le/la	regarde.

Pierre	nous vous les	regarde.

✻ 용법 : 단순시제일 경우

① 동사 앞에 위치한다.

Je regarde la télévision. ⇒ Je la regarde.

J'aime mes parents. ⇒ Je les aime.

Est-ce que tu m'aimes ?

- Bien sûr, je t'aime beaucoup.

Vous lirez ce roman ?

- Oui, je le lirai.

② 3인칭 le/la, les 는 사람이나 사물을 받는다.

Il cherche Muriel ?

- Oui, il la cherche. - Non, il ne la cherche pas.

Vous cherchez vos enfants ?

- Oui, je les cherche. - Non, je ne les cherche pas.

001 예문과 같이 밑줄 친 부분을 대명사로 바꾸어 다시 쓰시오.

J'aime <u>les chiens</u>. ⇒ Je les aime.

(1) J'aime <u>les animaux</u>. ____________

(2) Je ne vois pas <u>ce garçon</u>. ____________

(3) Stéphane rencontre <u>son amie</u> au restaurant. ____________

(4) Nous voulons revoir <u>le film</u>. ____________

(5) Je ne peux pas ouvrir <u>cette porte</u>. ____________

(6) Tu dois finir <u>ce travail</u> avant cinq heures. ____________

(7) Elles ne veulent pas regarder <u>cette photo</u>. ____________

(8) Je n'aime pas faire <u>mes devoirs</u>. ____________

002 예문과 같이 대명사를 사용하여 대답하시오.

Est-ce que tu m'aimes ?

- Oui, je t'aime.

- Non, je ne t'aime pas.

(1) Est-ce que vous aimez ces images ?

- Oui, ____________________
- Non, ____________________

(2) Est-ce que les enfants veulent regarder la télévision ?

- Oui, ____________________
- Non, ____________________

(3) Est-ce que Philippe peut finir son devoir ?

- Oui, ____________________
- Non, ____________________

(4) Est-ce que vous voulez faire ce travail ?

- Oui, ____________________
- Non, ____________________

Leçon 46

Je les ai lus.

직접목적보어 대명사 (2)

✲ 위치 : 복합시제일 경우

직접목적보어 대명사는 조동사의 앞에 위치하며, 이때 과거분사는 직접목적보어의 성 · 수에 일치한다.

J'ai vu ce film. ⇨ Je l'ai vu.
Il a vendu cette maison. ⇨ Il l'a vendue.

J'ai lu ces romans. ⇨ Je les ai lus.
J'ai perdu mes clés. ⇨ Je les ai perdues.

✲ 조동사와 함께 사용될 때 :

Tu as voulu voir ce film ?
- Oui, j'ai voulu le voir.
- Non, je n'ai pas voulu le voir.

Est-ce que tu peux prendre cette valise ?
- Oui, je peux la prendre.
- Non, je ne peux pas la prendre.

001 예문과 같이 대명사를 사용하여 다시 쓰시오.

J'ai vu ce film. ⇒ Je l'ai vu.

(1) Nous avons regardé la télé hier soir. ⇒ ____________

(2) Est-ce que tu as vu ces enfants ? ⇒ ____________

(3) Je n'ai pas encore fini mon devoir. ⇒ ____________

(4) J'ai beaucoup aimé mes parents. ⇒ ____________

(5) Marie a acheté ces robes. ⇒ ____________

002 다음 질문에 대명사를 사용하여 대답하시오.

(1) Est-ce que vous avez lu ces romans ?

- Oui, ____________
- Non, ____________

(2) Est-ce que tu as fini le travail ?

- Oui, ____________
- Non, ____________

(3) Est-ce que Jim a écrit ces lettres ?

- Oui, ____________
- Non, ____________

(4) Est-ce que Jean a construit ces bâtiments ?

- Oui, ____________
- Non, ____________

003 다음 질문에 대명사를 사용하여 대답하시오.

(1) Est-ce que tu as voulu acheter cette voiture ?

- Oui, ____________

(2) Est-ce que vous avez pu prendre votre train ?

- Non, ____________

Leçon 47

Tu me téléphones ?

간접목적보어 대명사

✻ 형태:

	me				nous	
Il	te	téléphone.		Il	vous	téléphone.
	lui				leur	

Je téléphone à Anne. ⇒ Je lui téléphone.

J'écris à mes parents. ⇒ Je leur écris.

✻ 용법

① 동사 앞에 위치한다.

Je lui écris.

Tu me téléphones ?

② 조동사와 함께 사용될 때 :

Est-ce que vous allez me téléphoner ?

- Oui, je vais vous téléphoner.

③ 복합과거 시제의 경우 :

J'ai téléphoné à Marie. ⇒ Je lui ai téléphoné.

J'ai écrit à mes parents. ⇒ Je leur ai écrit.

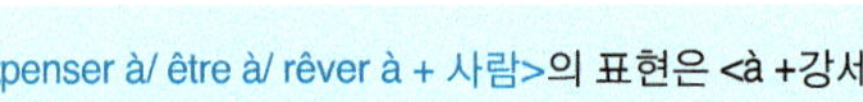

<penser à/ être à/ rêver à + 사람>의 표현은 <à +강세형 인칭대명사>로 쓴다.

Tu penses à Pierre ? - Oui, je pense à lui.

C'est à toi ? - Oui, c'est à moi.

001 예문과 같이 대명사로 바꾸어 다시 쓰시오.

J'écris à mon ami. ⇒ Je lui écris.

(1) Il téléphone à Sophie. ____________________

(2) Je parle à Vincent. ____________________

(3) Il écrit à sa copine. ____________________

(4) J'envoie un mél à mon professeur. ____________________

(5) Je dis bonjour à mes amis. ____________________

002 다음 질문에 대명사를 사용하여 대답하시오.

(1) Est-ce que vous parlez à Véronique ?

- Oui, ______________________________
- Non, ______________________________

(2) Est-ce que tu téléphones à tes amis ?

- Oui, ______________________________
- Non, ______________________________

(3) Est-ce qu'il écrit à Marie ?

- Oui, ______________________________
- Non, ______________________________

(4) Est-ce que ce stylo est à Denis ?

- Oui, ______________________________
- Non, ______________________________

(5) Est-ce qu'elle offre des cadeaux à ses parents ?

- Oui, ______________________________
- Non, ______________________________

Leçon 48

J'en suis content.

중성대명사 EN

✲ EN

전치사 de +명사

(1) 전치사 de +명사를 포함하는 동사표현과 함께 사용된다.

Tu reviens de Paris ?
- Oui, j'en reviens.

Il parle de ce problème ?
- Oui, il en parle.

Tu es content de cette maison ?
- Oui, j'en suis content.

<de + 인물명사>의 경우는 en으로 받지 않는다.
• Il parle de sa sœur ?
- Oui, il parle d'elle.

(2) 부분관사 du, de la, des + 명사를 대신한다.

Tu veux du vin ?
- Oui, j'en veux.
- Non, je n'en veux pas.

Vous prenez de la viande ?
- Oui, j'en prends.
- Non, je n'en prends pas.

(3) 일정한 수량을 나타내고자 할 때는 그 수량이 동사 뒤에 위치한다.

Vous avez des frères ?
- Oui, j'en ai deux.

Vous avez un stylo ?
- Oui, j'en ai un.

Il y a beaucoup de monde ?
- Oui, il y en a beaucoup.

001 예문과 같이 대명사를 사용하여 문장을 고치시오.

Il parle de ce problème. ⇨ Il en parle.

(1) Il revient de Rome. ____________________

(2) Nous sommes contents de votre travail. ____________________

(3) Mes parents parlent de l'accident. ____________________

(4) Ils boivent du vin rouge. ____________________

(5) Nous ne mangeons pas de viande. ____________________

(6) Il y a beaucoup de monde dans la rue. ____________________

(7) Elles ont deux voitures. ____________________

002 예문과 같이 대명사를 사용하여 대답하시오.

Est-ce qu'il prend du thé ?
- Oui, il en prend.

(1) Est-ce que tu manges du fromage ?
- Oui, ______________________________________

(2) Est-ce que tes parents parlent souvent de la politique ?
- Oui, ______________________________________

(3) Est-ce que vous avez des soeurs ?
- Oui, ______________________________________

(4) Est-ce que vous avez des enfants ?
- Non, ______________________________________

(5) Est-ce que Marie est contente du résultat ?
- Non, ______________________________________

(6) Est-ce que tu prends des photos ?
- Non, ______________________________________

(7) Est-ce que Pierre joue du piano ?
- Oui, ______________________________________

Leçon 49

On y va.

중성대명사 Y, LE

✲ Y

전치사 à, dans, sur, en… + 명사

Vous allez à l'université ?
- Oui, j'y vais.
On va au cinéma ?
- Oui, on y va.
Est-il dans le jardin ?
- Non, il n'y est pas.

주의를 요하는 표현 :
Tu penses à ton avenir ?
- Oui, j' y pense souvent.
Tu penses à ta mère ?
- Oui, je pense à elle.
Tu veux participer à ce projet ?
- Oui, je veux y participer.

✲ LE

① 문장을 대신한다.
Il a beaucoup travaillé pour cet examen.
- Je le sais bien.

② 형용사를 대신한다.
Êtes-vous content ?
- Oui, je le suis.

001 예문과 같이 밑줄 친 부분을 대명사로 바꾸어 다시 쓰시오.

Nous allons chez notre professeur. ⇒ Nous y allons.

(1) Je vais à l'école. ____________________

(2) Nous sommes dans la salle de classe. ____________________

(3) Ils arrivent à Paris ce soir. ____________________

(4) Mes parents pariticipent à une soirée. ____________________

(5) Il est fatigué. ____________________

(6) Nous ne sommes pas japonais. ____________________

002 예문과 같이 질문에 대명사를 사용하여 대답하시오.

Est-ce que tu es coréen ? - Oui, je le suis.

(1) Est-elle allemande ?

- Non, ______________________________

(2) Savez-vous quelle heure il est ?

- Oui, ______________________________

(3) Tu restes chez ton ami ?

- Oui, ______________________________

(4) Elle est dans le jardin ?

- Non, ______________________________

(5) Vous pensez souvent à votre pays ?

- Oui, ______________________________

(6) Les enfants jouent dans le jardin ?

- Non, ______________________________

(7) Est-ce qu'elle est japonaise ?

- Oui, ______________________________

Leçon 50

La fille qui danse est belle.

관계대명사 QUI, QUE

✲ QUI : 주격

La fille danse bien. Cette fille est belle.

⇒ La fille qui danse bien est belle.

Je vois un film. Ce film m'intéresse.

⇒ Je vois le film qui m'intéresse.

✲ QUE : 목적격

Le garçon est charmant. Je regarde ce garçon.

⇒ Le garçon que je regarde est charmant.

Voilà une mini-jupe. J'adore cette jupe.

⇒ Voilà la mini-jupe que j'adore.

001 예문과 같이 ___ 안에 관계대명사 qui 또는 que를 넣으시오.

Je cherche le livre qui était ici.

(1) Où est le livre _________ tu viens d'acheter ?

(2) C'est un garçon __________ est très aimable.

(3) C'est un homme __________ je respecte beaucoup.

(4) C'est une chambre __________ a une belle vue.

002 예문과 같이 관계대명사를 사용하여 두 문장을 연결하시오.

Vous vivez dans un studio. Ce studio est tout petit.
⇨ Vous vivez dans un studio qui est tout petit.

(1) Il y a quelqu'un. Il sonne à la porte.

⇨ ____

(2) Elle porte une valise. Cette valise pèse lourd.

⇨ ____

(3) J'écris une lettre. Elle est pour ma mère.

⇨ ____

003 예문과 같이 관계대명사를 사용하여 두 문장을 연결하시오.

Le roman est écrit par Balzac. Je le lis.
⇨ Le roman que je lis est écrit par Balzac.

(1) La fille est charmante. Ils la cherchent.

⇨ ____

(2) Les fleurs sont des tulipes. Vous les regardez.

⇨ ____

(3) Nous lisons des poèmes. Nous les trouvons très beaux.

⇨ ____

동사변화표

동사	현재	복합과거	반과거	미래
ÊTRE	je suis	j'ai été	j'étais	je serai
	tu es	tu as été	tu étais	tu seras
	il est	il a été	il était	il sera
	nous sommes	nous avons été	nous étions	nous serons
	vous êtes	vous avez été	vous étiez	vous serez
	ils sont	ils ont été	ils étaient	ils seront
AVOIR	j'ai	j'ai eu	j'avais	j'aurai
	tu as	tu as eu	tu avais	tu auras
	il a	il a eu	il avait	il aura
	nous avons	nous avons eu	nous avions	nous aurons
	vous avez	vous avez eu	vous aviez	vous aurez
	ils ont	ils ont eu	ils avaient	ils auront
PARLER	je parle	j'ai parlé	je parlais	je parlerai
	tu parles	tu as parlé	tu parlais	tu parleras
	il parle	il a parlé	il parlait	il parlera
	nous parlons	nous avons parlé	nous parlions	nous parlerons
	vous parlez	vous avez parlé	vous parliez	vous parlerez
	ils parlent	ils ont parlé	ils parlaient	ils parleront
ACHETER	j'achète	j'ai acheté	j'achetais	j'achèterai
	tu achètes	tu as acheté	tu achetais	tu achèteras
	il achète	il a acheté	il achetait	il achètera
	nous achetons	nous avons acheté	nous achetions	nous acheterons
	vous achetez	vous avez acheté	vous achetiez	vous acheterez
	ils achètent	ils ont achté	ils achetaient	ils achèteront
SE LEVER	je me lève	je me suis levé	je me levais	je me lèverai
	tu te lèves	tu t'es levé	tu te levais	tu te lèveras
	il se lève	il s'est levé	il se levait	ils se lèvera
	nous nous levons	nous nous sommes levés	nous nous levions	nous nous lèverons
	vous vous levez	vous vous êtes levés	vous vous leviez	vous vous lèverez
	ils se lèvent	ils se sont levés	ils se levaient	ils se lèveront

동사	현재	복합과거	반과거	미래
FINIR	je finis	j'ai fini	je finissais	je finirai
	tu finis	tu as fini	tu finissais	tu finiras
	il finit	il a fini	il finissait	il finira
	nous finissons	nous avons fini	nous finissions	nous finirons
	vous finissez	vous avez fini	vous finissiez	vous finirez
	ils finissent	ils ont fini	ils finissaient	ils finiront
ALLER	je vais	je suis allé	j'allais	j'irai
	tu vas	tu es allé	tu allais	tu iras
	il va	il est allé	il allait	il ira
	nous allons	nous sommes allés	nous allions	nous irons
	vous allez	vous êtes allés	vous alliez	vous irez
	ils vont	ils sont allés	ils allaient	ils iront
BOIRE	je bois	j'ai bu	je buvais	je boirai
	tu bois	tu as bu	tu buvais	tu boiras
	il boit	il a bu	il buvait	il boira
	nous buvons	nous avons bu	nous buvions	nous boirons
	vous buvez	vous avez bu	vous buviez	vous boirez
	ils boivent	ils ont bu	ils buvaient	ils boiront
DORMIR	je dors	j'ai dormi	je dormais	je dormirai
	tu dors	tu as dormi	tu dormais	tu dormiras
	il dort	il a dormi	il dormait	il dormira
	nous dormons	nous avons dormi	nous dormions	nous dormirons
	vous dormez	vous avez dormi	vous dormiez	vous dormirez
	ils dorment	ils ont dormi	ils dormaient	ils dormiront
DEVOIR	je dois	j'ai dû	je devais	je devrai
	tu dois	tu as dû	tu devais	tu devras
	il doit	il a dû	il devait	il devra
	nous devons	nous avons dû	nous devions	nous deverons
	vous devez	vous avez dû	vous deviez	vous devrez
	ils dovivent	ils ont dû	ils devaient	ils deveront

동사	현재	복합과거	반과거	미래
DIRE	je dis	j'ai dit	je disais	je dirai
	tu dis	tu as dit	tu disais	tu diras
	il dit	il a dit	il disait	il dira
	nous disons	nous avons dit	nous disions	nous dirons
	vous dîtes	vous avez dit	vous disiez	vous direz
	ils disent	ils ont dit	ils disaient	ils diront
ÉCRIRE	j'écris	j'ai écrit	j'écrivais	j'écrirai
	tu écris	tu as écrit	tu écrivais	tu écriras
	il écrit	il a écrit	il écrivait	il écrira
	nous écrivons	nous avons écrit	nous écrivions	nous écrirons
	vous écrivez	vous avez écrit	vous écriviez	vous écrirez
	ils écrivent	ils ont écrit	ils écrivaient	ils écriront
FAIRE	je fais	j'ai fait	je faisais	je ferai
	tu fais	tu as fait	tu faisais	tu feras
	il fait	il a fait	il faisait	il fera
	nous faisons	nous avons fait	nous faisions	nous ferons
	vous faîtes	vous avez fait	vous faisiez	vous ferez
	ils font	ils ont fait	ils faisaient	ils feront
LIRE	je lis	j'ai lu	je lisais	je lirai
	tu lis	tu as lu	tu lisais	tu liras
	il lit	il a lu	il lisait	il lira
	nous lisons	nous avons lu	nous lisions	nous lirons
	vous lisez	vous avez lu	vous lisiez	vous lirez
	ils lisont	ils ont lu	ils lisaient	ils liront
METTRE	je mets	j'ai mis	je mettais	je mettrai
	tu mets	tu as mis	tu mettais	tu mettras
	il met	il a mis	il mettait	il mettra
	nous mettons	nous avons mis	nous mettions	nous mettrons
	vous mettez	vous avez mis	vous mettiez	vous mettrez
	ils mettent	ils ont mis	ils mettaient	ils mettront

동사	현재	복합과거	반과거	미래
OUVRIR	j'ouvre	j'ai ouvert	j'ouvrais	j'ouvrirai
	tu ouvres	tu as ouvert	tu ouvrais	tu ouvriras
	il ouvre	il a ouvert	il ouvrait	il ouvrira
	nous ouvrons	nous avons ouvert	nous ouvrions	nous ouvrirons
	vous ouvrez	vous avez ouvert	vous ouvriez	vous ouvrirez
	ils ouvrent	ils ont ouvert	ils ouvraient	ils ouvront
PARTIR	je pars	je suis parti	je partais	je partirai
	tu pars	tu es parti	tu partais	tu partiras
	il part	il est parti	il partait	il partira
	nous partons	nous sommes partis	nous partions	nous partirons
	vous partez	vous êtes partis	vous partiez	vous partirez
	ils partent	ils sont partis	ils partaient	ils partiront
POUVOIR	je peux	j'ai pu	je pouvais	je pourrai
	tu peux	tu as pu	tu pouvais	tu pourras
	il peut	il a pu	il pouvait	il pourra
	nous pouvons	nous avons pu	nous pouvions	nous pourrons
	vous pouvez	vous avez pu	vous pouviez	vous pourrez
	ils peuvent	ils ont pu	ils pouvaient	ils pourront
PRENDRE	je prends	j'ai pris	je prenais	je prendrai
	tu prends	tu as pris	tu prenais	tu prendras
	il prend	il a pris	il prenait	il prendra
	nous prenons	nous avons pris	nous prenions	nous prendrons
	vous prenez	vous avez pris	vous preniez	vous prendrez
	ils prennent	ils ont pris	ils prenaient	ils prendront
SAVOIR	je sais	j'ai su	je savais	je saurai
	tu sais	tu as su	tu savais	tu sauras
	il sait	il a su	il savait	il saura
	nous savons	nous avons su	nous savions	nous saurons
	vous savez	vous avez su	vous saviez	vous saurez
	ils savent	ils ont su	ils savaient	ils sauront

동사	현재	복합과거	반과거	미래
SERVIR	je sers	j'ai servi	je servais	je servirai
	tu sers	tu as servi	tu servais	tu serviras
	il sert	il a servi	il servait	il servira
	nous servons	nous avons servi	nous servions	nous servirons
	vous servez	vous avez servi	vous serviez	vous servirez
	ils servent	ils ont servi	ils servaient	ils serviront
RÊPONDRE	je réponds	j'ai répondu	je répondais	je répondrai
	tu réponds	tu as répondu	tu répondais	tu répondras
	il répond	il a répondu	il répondait	il répondra
	nous répondons	nous avons répondu	nous répondions	nous répondrons
	vous répondez	vous avez répondu	vous répondiez	vous répondrez
	ils répondent	ils ont répondu	ils répondaient	ils répondront
VENIR	je viens	je suis venu	je venais	je viendrai
	tu viens	tu es venu	tu venais	tu viendras
	il vient	il est venu	il venait	il viendra
	nous venons	nous sommes venus	nous venions	nous viendrons
	vous venez	vous êtes venus	vous veniez	vous viendrez
	ils viennent	ils sont venus	ils venaient	ils viendront
VOIR	je vois	j'ai vu	je voyais	je verrai
	tu vois	tu as vu	tu voyais	tu verras
	il voit	il a vu	il voyait	il verra
	nous voyons	nous avons vu	vous voyions	nous verrons
	vous voyez	vous avez vu	vous voyiez	vous verrez
	ils voient	ils ont vu	ils voyaient	ils verront
VOULOIR	je veux	j'ai voulu	je voulais	je voudrai
	tu veux	tu as voulu	tu voulais	tu voudras
	il veut	il a voulu	il voulait	il voudra
	nous voulons	nous avons voulu	nous voulions	nous voudrons
	vous voulez	vous avez voulu	vous vouliez	vous voudrez
	ils veulent	ils ont voulu	ils voulaient	ils voudront

문법정리

✲ 관사

(1) 부정관사

un	une
des	

(2) 정관사

le (l')	la (l')
les	

(3) 부분관사

du (de l')	de la (de l')
des	

✻ 형용사

(1) 소유 형용사

	남성단수	여성단수	남, 여성 복수
Je	mon	ma	mes
Tu	ton	ta	tes
Il/Elle	son	sa	ses
Nous	notre	notre	nos
Vous	votre	votre	vos
Ils/Elles	leur	leur	leurs

(2) 지시 형용사

ce (cet)	cette
ces	

(3) 의문 형용사

	단수	복수
남성	quel	quels
여성	quelle	quelles

✲ 대명사

(1) 강세형 인칭대명사

	단수	복수
1인칭	moi	nous
2인칭	toi	vous
3인칭	lui/elle	eux/elles

(2) 의문 대명사

	주어	목적어
사람	qui	qui
	qui est-ce qui	qui est-ce que
사물		que
	qu'est-ce qui	qu'est-ce que

(3) 직접목적 보어 인칭대명사

me	nous
te	vous
le/la	les

(4) 간접목적보어 인칭대명사

me	nous
te	vous
lui	leur

(5) 중성대명사

y
en
le

(6) 관계대명사

주격	qui
목적격	que

1 Fruits de mer
2 Menu de café
3 Paris
4 Êtretat
5 Normandie

RANCE ET
HATEAUBRIAND
Hôtel F.C.
Hôtel F.C.
FRANCE ET CHATEAUBRIAND
LE CHATEAUBRIAND
NIVERS RESTAURANT

Le français facile

① L'Arc de Triomphe
② Terrasse de café
③ Marché
④ Cabine de téléphone(Paris)
⑤ Versailles
⑥ Les panneaux de Paris
⑦ Noël (Strasbourg)
⑧ Le Mont-St-Michel
⑨ La Tour Eiffel

①	
②	④
③	⑤

① Sacré - Cœur
② Château de Chenonceau
③ Notre - Dame
④ Le Louvre
⑤ Bâteau - Mouche